华夏文库·道教与民间宗教书系

文化交融

道教与少数民族宗教

周永健 著

中原传媒　中州古籍出版社

图书在版编目(CIP)数据

文化交融：道教与少数民族宗教 / 周永健著．—郑州：中州古籍出版社，2019．5（2022．12重印）
（华夏文库道教与民间宗教书系）
ISBN 978-7-5348-8800-7

Ⅰ．①文… Ⅱ．①周… Ⅲ．①少数民族-宗教-研究-中国②道教-研究-中国 Ⅳ．①B928.2②B958

中国版本图书馆 CIP 数据核字（2019）第 171668 号

WENHUA JIAORONG：DAOJIAO YU SHAOSHUMINZU ZONGJIAO
文化交融：道教与少数民族宗教

总策划	耿相新　郭孟良
项目协调	单占生
项目执行	萧梦麟
策划编辑	肖　泓
责任编辑	李晓丽
责任校对	牛冰岩
封面设计	新海岸设计中心
版式设计	曾晶晶
美术编辑	王　歌

出版社	中州古籍出版社（地址：郑州市郑东新区祥盛街 27 号 6 层邮编：450016　电话：0371-65723280）
发行单位	河南省新华书店发行集团有限公司
承印单位	河南新华印刷集团有限公司
开　本	640 mm × 960 mm　1/16
印　张	9.75
字　数	120 千字
印　数	2 001—4 000 册
版　次	2020 年 4 月第 1 版
印　次	2022 年 12 月第 2 次印刷
定　价	31.50 元

本书如有印装质量问题，请联系出版社调换。

《道教与民间宗教书系》序言

2015年6月，《道教与民间宗教书系》编撰正式启动。本书系计划出版50余种图书，作者主要来自中国社会科学院和道教协会，并有清华、北大、南大等其他高校相关学者共同参与。这也将是第一套规模最大、最全面和系统介绍道教和民间宗教的图书。

当时，澎湃新闻（www.thepaper.cn）记者就该书系的相关细节和道教在中国传统文化中的地位等问题专访了书系顾问、曾任中国社会科学院道教研究室主任的王卡教授[1]。

以下为访谈内容。代为序[2]。

澎湃新闻：此次计划出版的《道教与民间宗教书系》，您预计哪些书会受到广泛关注？有没有哪些选题是以前没有涉及的？

王卡：过去对道教的研究不太均衡，历史、经典类涉及得比较多，而对道教在中国社会中实际存在的状态，比如说仪式活动，就介绍得较少。而且对于道教史的某些具体时段，比如说明清、近代道教状况的研究，也比较欠缺。我们希望在这方面做些弥补。至于你问我哪些书会受到更多关注，这不太好估计。道教从历史上说，除了参与一部

---

[1] 王卡教授于2017年7月去世。
[2] 序言有所删节。

分中国传统的政治和礼教活动外，主要还是以祈福救灾等方术来吸引一般民众。有些方术虽然在近代被视为"封建迷信"而抛弃，但是在民众中仍然有一定的影响力；还有民间的祭祀仪式活动，自近代以来有所衰落，失去记忆，或许更能引人关注吧！

在我看来，中国历史上"神道设教"的主体是儒家，道教则更多保留了民间信仰中"方术"文化的内容。但是这些"数术"并非完全指算命、风水、驱邪一类。"术"是个很广的概念，比如说神话故事、医药养生、节日礼俗、书画、造像、乐舞、武术、服饰、建筑艺术等，可以有些客观的介绍，让现代人更多了解道教有丰富的内容，而不止是空洞的教条。

澎湃新闻：《道教与民间宗教书系》的定位为普及类图书，但又要涉及目前道教最新的研究成果，是不是对作者的要求很高？

王卡：这套书我们将其定位为普及性质，参考了一系列的原始文献，也有最新的研究成果，是一套科普和学术性并存的书。书的形式也符合现代潮流，采用了图文并茂的方法，类似法国人做的"世界文明史丛书"。当然我们必须承认某些分册可能会有一些不足之处，这取决于作者凭借的是一手材料还是二手材料。如果作者只是拼凑网络上的相关资料是不行的，只有真正基于一手材料写成的普及书才能体现学术水平。这次我们的写作队伍虽然比较年轻，但其中也不乏优秀的学者。我们中国社会科学院道家与道教文化研究中心，一直比较重视对一手材料的研究，所以我对于这套书的总体质量还是有一定信心的。

在道教研究的学术界，虽然一百年前就有人开始做这个工作了，真正大规模的研究是从改革开放后才开始，倒是这几年的研究有了很大的进展，很多的空白都被填补，新兴的力量日益壮大，中青年学者占据主导地位，其中大多数是博士、硕士。他们出了一些有分量的著作，有相当的学术价值，不仅仅是文化泡沫。

澎湃新闻：我们之前出版过哪些道教普及类的图书？这些书的主要问题在哪里？

王卡：我们之前编过《道教文化面面观》《道教三百题》等书，主要涉及道教的基础知识，但篇幅分量不足，仅仅二三十万字。毕竟那时的研究机构还比较少，写作力量、研究的深入程度还不够，所以有些门类没有涉及，品种也比较匮乏。基本的读者群主要是道教界的人士、国家宗教管理部门的官员、文科专业的学生，还有社会上某些对宗教感兴趣的人，具体数量我就不太清楚了。而社会上畅销的那些关于修炼、符咒、选择术[1]的书炒作成分较多，缺乏学术性、严肃性。当然我们对于这些"秘书"也不必一律禁止，应尽量向文化方向引导。

澎湃新闻：看了这个书系的目录后，发现除了专门研究道教的书，还有很多关于民间宗教的书，为什么会把民间宗教也囊括进来？

王卡："民间宗教"我们可以换个词叫作"中国本土宗教"。明太祖朱元璋曾将道教限定为两个主要的派别：张天师创立的正一道和王重阳创立的全真道，缩小了合法性道教的范围。但中国民间实际上还存在很多与地方性信仰、少数民族信仰相结合的修道社团。它们在教义、方术、仪式等方面，都或多或少受到儒、道、佛三大教影响，是在中国传统文化土壤中滋生的宗教性社团。明清以来，它们虽然没有得到官方的承认，但在民间广为流传，派系杂多，信众和祠庙数量大大超过两个正统合法道派。学术界通常把这些教门叫作"民间宗教"，也有学者称之为"大道教"。学术界也应加强对"民间宗教"历史和现状的研究调查，适当向社会介绍一些相关知识，所以我们将这方面的部分研究成果纳入了书系中。其实在国外也一直是将中国道

---

[1] 这里，选择术的概念包括择吉、命理、风水等。

教和民间宗教放在一起研究的。

澎湃新闻：有人说道教是中国唯一的本土宗教，但又有人不承认道教的地位，甚至说"道教是模仿佛教而创制的"。我们到底该如何看待这两种说法？

王卡：狭义的"道教"（正一道及全真道），是中国当今五大合法宗教中唯一的本土宗教，但不是古今以来中国本土文化中产生的无数以"天道"信仰为根本宗旨的"大道教"中唯一的宗教性或非宗教组织。佛教自汉代传入中国，在南北朝时期实现了"中国化"。道教在佛教中国化的过程中起到了关键的接引和转化作用。当然佛教的教义、教制对道教从原始民间教团发展为成熟的合法宗教，也曾有过极为重要的影响，但绝不能说"道教是模仿佛教而创制的"。

（专访记者　臧继贤）

目录

一 早期道教吸纳少数民族宗教因子

1 孕育于西南民族地区的早期道教……2
2 道教吸纳少数民族神灵……7
3 斋醮科仪吸纳少数民族巫术……11
4 道教音乐吸纳少数民族音乐……15

二 道教在少数民族地区的传播

1 西南……18
2 西北……33
3 长江中游……38
4 北方……43
5 官方助推道教发展……45

三 瑶传道教

1. 瑶传道教流派 ·· 59
2. 瑶传道教流派分化成因 ······························ 61
3. 道教化的神灵体系 ··································· 65
4. 经书与科仪文书的道教化取向 ····················· 68
5. 瑶传道教的坛班组织 ································ 73
6. 瑶族度戒仪式的道教化特征 ························ 80

四 壮化道教

1. 壮化道教源流 ·· 87
2. 壮化道教的坛班组织 ································ 95
3. 壮化道教的仪式特征 ································ 100

五 湘西苗族道教

1. 湘西苗族巴代文化 ··································· 103
2. 巴代扎法事器物 ······································ 110
3. 巴代扎坛班 ··· 116

六 黎族道教

　　1　道教传入与汉道公产生 ················· 121
　　2　道教渗入黎族宗教文化 ················· 124
　　3　黎族汉道公 ························· 127
　　4　黎族道教的神灵体系 ··················· 131
　　5　道教化的符箓与科仪文书 ··············· 136

结语　道教与少数民族宗教交融的意义 ··············· 140
致谢 ·· 142

一 早期道教吸纳少数民族宗教因子

1 孕育于西南民族地区的早期道教

道教初创于东汉时期,包括巴蜀五斗米天师道系统和东部地区张角太平道系统,主体则是天师道。《三国志·魏书·张鲁传》注引《典略》说:"熹平中,妖贼大起,三辅有骆曜。光和中,东方有张角,汉中有张修、骆曜教民缅匿法,角为太平道,修为五斗米道……及鲁在汉中,因其民信行修业,遂增饰之。"张角在东部地区传播太平道的同时,张修也在西南地区传播五斗米道;进而张陵(亦称张道陵)、张衡及张鲁相继改造五斗米道,作义舍、修道路、禁酒肉,创立天师道。无论是太平道,还是天师道,均与西部地区的少数民族有着千丝万缕的联系,尤其是天师道就直接萌生于西南少数民族地区。

先秦时期,巴蜀本为少数民族地区,秦汉统治者相继徙中原之民于蜀,但直至东汉末,该地区仍为少数民族聚居地。五斗米道最初源自巴蜀少数民族所信仰的民间宗教——鬼道,张修即为当时巴郡土著人的鬼道教主,史籍称之为"妖巫"。《后汉书·灵帝纪》载中平元年(184),"秋七月,巴郡妖巫张修反,寇郡县"。又李贤注引刘艾《纪》云:"时巴郡巫人张修疗病,愈者雇以五斗米,号曰五斗米师。"五斗米道得名渊源，据《后汉书》《三国志》记载，凡入道者，须纳五斗米，遂因此而得名。但有学者认为，五斗米道的命名，或许与崇拜五方星斗有关。例如，清人沈曾植就认为五斗米道之得名，当是因为崇拜五方星斗，与量器之斗无关。张泽洪《五斗米道命名的由来》一文认为，张陵之收米五斗是参考了汉初巴郡賨人所负担的赋税数——賨钱四十，賨人因助汉高祖伐定三秦有功，賨人七姓不输租赋，余户每人交賨钱四十。这种轻赋优待是对賨人战功的褒奖，是賨人的荣誉。此外，东汉末年，武都郡、益州郡及巴郡等少数民族聚居区，正常的米价为每斗八钱，五斗米市值即四十钱。按此标准向賨人征收入教费用，賨人是乐于接受的，亦是賨人能够承受的。推而广之，不仅是賨人，其他信徒，无论民夷，入道者皆须交米五斗。

巴蜀地区之所以成为五斗米道、天师道的孕育之地，主要是因为两汉时期巴蜀不仅方术甚为流行，而且今文经学也很兴盛。《三国志》载："益部多贵今文，而不崇章句。"今文经学解经时的理论性格极富创造性，且充满宗教神学意味。在此氛围中，蜀中道术之风甚为流行，堪称道教先声。巴蜀巫风盛行还与当时西南少数民族巫术盛行有关。张陵、张衡、张鲁改造五斗米道的过程，《华阳国志·汉中志》有载："汉末，沛国张陵学道于蜀鹤鸣山，造作道书，自称'太清玄元'，以惑百姓。陵死，子衡传其业。衡死，子鲁传其业。鲁字公祺，以鬼道见信于益州牧刘焉。鲁母有少容，往来焉家。初平中，以鲁为督义司马，住汉中，断谷道。鲁既至，行宽惠，以鬼道教。立义舍，置义米、义肉其中，行者取之，量腹而已，不得过。过多云鬼病之。其市肆贾平亦然。犯法者三原而后行刑。学道未信者谓之'鬼卒'，后乃为'祭酒'。巴、汉夷民多便之。其供道限出五斗米，故世谓之'米道'。"故世谓蜀地鹤鸣山为五斗米道的创立地。

鹤鸣山（又称鹄鸣山）在今四川大邑县西北30里，乾隆《大邑县志·形势》："斜江、乾江合流于前，鹤鸣、雾中环绕于后，东南则平畴沃野，西北则叠嶂崇冈，势控沈黎，路通邛笮。"鹤鸣山所在区域，沿岷江南下可达宜宾，抵滇东；顺岷山山脉西进，则通往雅安、汉源、西昌、盐边、盐源，进入滇西地区。汉晋时代，上述区域均为少数民族聚居地区，氐羌民族及叟、邛、筰、濮、摩沙、昆明等族群分布其间。加之当时因为政局动荡，秦陇氐羌民族入川，转徙滇省；因南海古国林邑、扶南兴起，迫使西南少数民族向北迁徙，巴賨等族群北上，进入汉中一带。地处上述诸族群流移转徙之枢纽的鹤鸣山地区，必然成为各少数民族宗教文化交汇碰撞之地。张陵入鹤鸣山学道，自然有利于其吸纳少数民族宗教信仰文化因子，传播宗教，为改造五斗米道提供有利条件。向达《南诏史略论——南诏史上若干问题的试探》一文认为，张陵在鹤鸣山学道，所学的道即是氐族和羌族的宗教信仰，以此为中心而缘饰以《老子》之五千文。因为天师道的思想源出氐羌族，所以李雄、苻坚、姚苌以及南诏、大理，才能靡然从风，受之不疑。

《太平广记·神仙·张道陵》："张道陵者，沛国人也，本太学书生，博通五经，晚乃自叹曰：'此无益于年命！'遂学长生之道，得黄帝《九鼎丹法》，欲合之，用药皆糜费钱帛。陵家素贫，欲治生，营田牧畜，非己所长，乃不就。闻蜀人多纯厚，易可教化，且多名山，乃与弟子入蜀，住鹄鸣山，著作道书二十四篇。"西南少数民族所信奉的鬼道，经张陵、张衡、张鲁三代不断增饰、改革而形成五斗米道，进而整合成天师道派系，此种历程亦足以说明早期道教广泛吸纳西南少数民族宗教因子的情形。

传道之初，蜀中道教活动远不及巴郡盛行，因此，张陵并未固守鹤鸣山，而是进入巴郡阆中，着眼于进一步吸纳巴郡少数民族的宗教文化，并以賨人为依托，在巴郡各族群中传播五斗米道。巴人骁勇善战，因使用木板为盾冲锋陷阵，称为"板楯蛮"，因不交或少交租赋，称为"賨人"，因"专以射白虎为事"，又称"白虎夷"或"白虎蛮"，因居住巴地，又称"巴人"。

《华阳国志·汉中志》载："陵死，子衡传其业。衡死，子鲁传其业。"张衡妻姓卢（罗），乃賨人七姓之首。张衡与賨人大姓的联姻，无疑更加有利于早期道教在巴郡的传播。《三国志·刘焉传》："张鲁母始以鬼道，又有少容，常往来焉家。"鬼道很可能就是张鲁母家的巫术，张鲁的母亲或许原本就是巴郡妖巫。因此，"三张"道术及其居蜀所依托的势力多半是来自其母族巴人，天师道就是在吸取巴蜀各族群的原始巫术（鬼道）与该地区的传统民俗的基础上创立的。经过张陵祖孙三世的苦心经营，賨人皈依了道教。《晋书·李特载记》说："张鲁居汉中，以鬼道教百姓，賨人敬信巫觋，多往奉之。"《华阳国志·李特传》记载更明确："张鲁居汉中，以鬼道教百姓，賨人敬信。值天下大乱，自巴西之宕渠移入汉中。"巴郡成为张鲁的后方基地。

东汉末年，沾染方术思想的齐鲁燕赵之学衍化出《太平经》，汉灵帝时，张角在河北创立太平道，即以《太平经》为指导思想。《后汉书·皇甫嵩传》："钜鹿张角自称'大贤良师'，奉事黄老道，蓄养弟子，跪拜首过，符水咒说以疗病，病者颇愈，百姓信向之。""角称天公将军，角弟宝称地公将军，宝弟梁称人公将军。"王家祐《道教论稿·张陵五斗米道与西南民族》认为，《太平经》是西山（昆仑）河源区黄帝、夏、周（氏羌文化），与东海（蓬莱）吴越区夷越文化融合提炼的成果。太平道奉黄帝老子，源于滨海之齐地，但齐为周初姬姓王族舅家姜姓的封国，是以羌人为王的封国。羌人将原在西方的信仰，诸如神山崇拜、神仙思想等带至滨海，与中原文化、滨海土著文化融合成了齐鲁文化，但其主体必然深受统治者固有的羌文化影响。因此，诞生于东部地区的太平道依然与西部地区的少数民族宗教文化有着千丝万缕的联系。太平道融有滨海文化因素，但其根脉仍为西方氐羌原始巫教，故与诞生于巴蜀地区的天师道区别不大；而天师道因兴于氐羌故土的巴蜀，尤仗巴蜀氐羌势力，乃从巴氏之鬼道演化而来，所以氐羌巫教旧习特浓。黄巾起义失败后，齐鲁燕赵的道德方术派逐渐消失而合于正一天师派，并与巴蜀民俗相融，衍为正一天师道。

2 道教吸纳少数民族神灵

飞升成仙是道教重要的宗教诉求之一,而神仙思想的产生当与西部少数民族的宗教信仰有着紧密的联系。闻一多《神仙考》一文考察了道教神仙思想的起源和发展,认为齐人本是西方迁来的羌族,其不死观念也是从西方带来的。因此,神仙之说应起源于古代西北的氐羌民族之中。羌族自古就有以火葬追求灵魂不死的行为,《墨子·节葬下》言:"秦之西有仪渠(即羌族)之国者,其亲戚死,聚柴薪而焚之,熏上,谓之登遐。"《吕氏春秋·义赏》又言:"氐羌之民,其虏也,不忧其系累,而忧其死不焚也。"氐羌民族认为灵魂能够因火而上升,死者的灵魂经火焚之后会得到永生。此种观念被汉化的羌族——齐人带到东部齐鲁地区以后,受当地土著思想的影响渐渐放弃了灵魂不死,演变为肉体不死观念,成为道教的重要宗教理论之一。因此,道教所谓神仙,实即源自氐羌民族的灵魂不死观念,进而产生出来的想象的或半想象的人物。

道教圣地被称之为"洞天",当源自古氐羌民族山处穴居的旧俗。例如,相传氐羌民族的祖先神西王母、黄帝均居于昆仑石室,蜀先王蚕丛居岷山石室。故道教的众神——仙人也均居于名山洞府。道教徒以贯头穿胸之布为法衣，披发仗剑做法事，亦似巴蜀地区少数民族巫觋之行为与装束，至今川北跳端公（跳僳僳）依然保持如此装束与举止。此外，道教盘古开天辟地之说，亦源自苗瑶民族之盘瓠神话传说。汉代以前，天地开辟之神为女娲，《天问》《风俗通义》《淮南子》等有记载。三国时期，汉族学者徐整著《三五历记》时始征引盘古开天辟地之说，这主要是因为当时南方百越民族的一些族群北迁汉中，盘瓠神话（也即盘古之说）遂进入中原汉文化的视野中，继而被道教吸纳。时至今日，苗瑶民族依然祭祀盘瓠、伏羲与女娲。

　　道教主要神灵如西王母、三皇（伏羲、女娲、黄帝）、后土（禹）等，均为岷山山系中古氐羌祖先神。西王母是道教中的一位女仙，源自氐羌民族神灵西王母（西貘）。《山海经·海内西经》说西王母"在昆仑虚北"，《山海经·大荒西经》亦云西王母在"昆仑之丘"，古代的昆仑指的是今陕、甘、青一带的广大地区，又名"西荒"，是古羌人的活动区域，西王母与古羌人生活在同一地区。"又西三百五十里，曰玉山，是西王母所居也。西王母其状如人，豹尾虎齿而善啸，蓬发戴胜，是司天之厉及五残。""西海之南，流沙之滨，赤水之后，黑水之前，有大山，名曰昆仑之丘。有神，人面虎身，有文有尾，皆白，处之。其下有弱水之渊环之，其外有炎火之山，投物辄然。有人，戴胜，虎齿，有豹尾，穴处，名曰西王母。"（《山海经》）

　　可见西王母穴居野处于昆仑山，是半人半兽、人兽同体的神祇形象，当为氐羌民族之图腾与部族首领混合形象的反映，是古羌昆仑神话系统中的主神之一。西王母成为道教女神之后，被迅速衍化发展为西部昆仑神话系统与东部蓬莱神话系统共同拥有的司命女神。

　　道教神文昌帝君（梓潼神）原身亦是氐羌民族神。明朝俞汝楫《礼部志稿·会议釐正神祀》:"梓潼帝君者,记云神姓张,讳亚子,其先越嶲人,因报母之仇,徙居梓潼之七曲山,仕晋战没,人立为庙。"古越嶲即今四川凉山一带,两汉时期,越嶲郡境内的居民主要是以邛人为主体的少数民族。既然传说张亚子出自越嶲郡,那么其身份极有可能就是该地的少数民族。

青衣神即蚕丛,乃道教所崇奉的民俗神灵之一,亦源自青衣羌所崇奉的祖先神。汉代川南有青衣国,今川南宜宾、泸州及川西雅安地区均有青衣羌,属氐羌系族群。据称,蜀侯蚕丛在位期间曾教民蚕桑之事,死后遂成为青衣神。《三教源流搜神大全》卷七载:"青衣神即蚕丛氏也,按传蚕丛氏初为蜀侯,后称蜀王,尝服青衣巡行郊野,教民蚕事。乡人感其德,因为立祠祀之,祠庙遍于西土,罔不灵验,俗概呼之曰青衣神。"按当地传说,四川青神县乃蚕丛出生之地,蚕丛的主要活动区域是青衣江。蚕丛死后,青衣羌人将其葬于瓦屋山,并修建祠宇祀奉之,此即"青衣之祀"。

道教护卫神卒亦有源自少数民族神灵者。在《藏外道书·正一盟威秘箓四》所载仪轨中,就有出动五方神灵制服在醮祭仪式捣乱和祟人害命之鬼的记载:令"东方夷老君逆部伏卫神,南方越老君扁鹊伏卫神,西方氐老君捍厄铁轮神,北方羌老君及甲逆鲜神,中央秦老君部领黄云神……斩五方不正之鬼、血食之精、众妖故炁,见即俱灭"。东方夷老君、南方越老君、西方氐老君、北方羌老君和中央秦老君是以少数民族族称命名的神灵,均成了道教各方护卫神。

道教符箓中的神灵及吏兵亦有很多出身于少数民族。在早期正一道的阅箓醮仪经典中,要请出法箓中五方四夷少数民族老君的兵马,如"谨出太上正一大斩河邪箓,箓中五十领将军,胡、越、氐、羌、伧等老君虎贲将士"。其中羌老君的兵马就有五十万人,说明道教符箓中的神灵有不少来自少数民族。南北朝道经《赤松子章历·收除虎灾章》说:"重请九夷、八蛮、六戎、五狄、三秦君,各随方位春夏秋冬,与某家宅之将军二十四吏兵士三十万人,勤加营护一切众生,并令扫荡。"

从道教供奉的一些神祇造型,亦可以看出道教与氐羌民族的关系极为密切。早期道教创始于西南少数民族地区,且吸纳了大量氐羌民族入教,因此,塑造的道教神像必然反映其信众也即氐羌民族的生活习尚与造型艺术之特征。例如,道教神灵二郎神、元始天尊及三清,均为三眼造型,此种形象实源自氐羌民族之纵目习俗。据李思纯《江村十论》记载,二郎神祠宇中所塑造的二郎神头上有三眼,一眼纵立于双目之间。据李思纯考证,二郎神原为氐族的牧神或猎神。

氐羌民族素有纵目之风,例如,据卫聚贤《二郎考》一文介绍,清末光绪三十年(1904),有二十余人自西藏赴北京朝贡,其人皆三眼,路过成都时被围观。详察其额,正中一眼非真眼,乃幼时刻其额一小直孔,含以黑珠。及长,珠含肉内,酷似纵目。可见道教三眼神造型,乃源自西南少数民族所奉之神的造型。《华阳国志·蜀志》载:"有蜀侯蚕丛,其目纵,始称王。死,作石棺石椁,国人从之,故俗以石棺椁为纵目人冢也。"

3 斋醮科仪吸纳少数民族巫术

鲁迅先生认为,"中国的根底全在道教",而道教则"根底在巫"。巫术是道术的一部分,以符咒为主要道术的五斗米道带有浓厚的巫术色彩,这与巴蜀地区少数民族盛行的巫术有着密切的关系。据《后汉书·南蛮西南夷列传》载,巴郡、南郡蛮"俱事鬼神"。《华阳国志》卷九载,賨人"俗好鬼巫"。当时西南一带的少数民族巫术盛行,而五斗米道在当时又被称为鬼道、米巫,这说明五斗米道与当时西南地区流行的巫术是密不可分的。

在《道藏》等科仪法术经书中,不难看到巫术内容。西南少数民族巫术中的祀神仪式、法器仪仗、符箓禁咒、禹步手诀等作法方式,均为早期道教所承袭。《后汉书·南蛮西南夷列传》载,西南地区少数民族"俗好巫鬼""其人皆被发左衽"。其跣足、披发等生活习俗正是道教某些斋醮仪式的雏形。陆修静在宋文帝元嘉三十年(453)曾率门人建三元涂炭斋,《洞玄灵宝五感文》记录涂炭斋的仪式时说:"于露地立坛,安栏格,斋人皆结。同气贤者,悉以黄土泥额,被发系著栏格,反手自缚,口中衔璧,覆卧于地,开两脚,相去三尺,叩头忏谢。"道教斋醮科仪中的涂炭斋法，即源于少数民族的祭祀习俗。

道教斋醮仪式中，法师的坛场步伐被称之为步罡踏斗，又称之为禹步。据传，禹步为大禹所创。大禹治水时在南海之滨，曾见鸟禁咒，能令大石翻动。而鸟禁时，常作一奇怪步伐，大禹即模仿此步伐并运用于治水之中，由此而成禹步。汉代扬雄《法言》称："昔者姒氏治水土，而巫步多禹。"《史记·六国年表》云："禹兴于西羌。"由此可知，夏禹属羌戎民族。禹步其实是一种巫步，是巫师跳神的步伐，它为早期道教所承袭，成为斋醮科仪中的重要法术，被称为"万术之根源，玄机之要旨"。

岭南百越民族的巫仙文化及其敬仙祭神方式，对道教的斋醮仪式和神祇信仰亦有一定影响。《隋书》载，林邑丧葬，"男女皆截发，随丧至水次，尽哀而止，归则不哭。每七日，然（燃）香散花，复哭，尽哀而止，尽七七而罢。至百日、三年，亦如之"。《晋书·南蛮》言：扶南"丧葬、婚姻略同林邑"。依据上述史料，蒙文通《道教史琐谈》认为："七七""百日""三年之事"，中土古代所无（古代无三年之丧，二十七月而毕），亦非印度所有。但是"至元魏、北齐之世，君臣已习行之，见于载记。倘林邑、扶南之强，而其教亦入中国，即所谓天师道也"。也即林邑、扶南（今柬埔寨、越南等地）丧礼中"七七""百日"习俗，也被早期道教吸纳。

此外，南越、山越巫术"禁咒之法"，亦被道教吸纳改造为祝由科仪中的止血续骨之术。《抱朴子·内篇》载："吴越有禁咒之法，甚有明效，多炁耳，知之者可以入大疫之中，与病人同床而己不染。又以群从行数十人，皆使无所畏，此是炁可以禳天灾也。"据称，善禁咒术的道徒能以炁禳灾祛鬼，蛇虫虎豹不能伤，刀刃箭镞不能入。又能禁水使逆流，禁疮使止血，禁钉使自出。

道啸是道术的一种,是道教法事中通神的重要手段和仪式之一,亦可能源自岭南百越民族之巫啸。岭南巫啸起源甚早,东晋王嘉《拾遗记·前汉》载:"太始二年,西方有因霄之国,人皆善啸,丈夫啸闻百里,妇人啸闻五十里,如笙竽之音,秋冬则声清亮,春夏则声沉下。人舌尖处倒向喉内,亦曰两舌重沓,以爪徐刮之,则啸声逾远。故《吕氏春秋》云'反舌殊乡之国',即此谓也。"道啸见于道书《真诰》卷十:"右命玉华,左啸金晨,命我神仙,役灵使神。"《洞真太上说智慧消魔真经》卷二载:"凝化精炁,操真策虚,啸咤万神。"道啸与岭南巫啸发声方法和功能基本一致,极有可能源于岭南巫啸。

《后汉书·徐登传》载:"徐登者,闽中人也。本女子,化为丈夫。善为巫术。又赵炳,字公阿,东阳人,能为越方。时遭兵乱,疾疫大起,二人遇于乌伤溪水之上,遂结言约,共以其术疗病。各相谓曰:'今既同志,且可各试所能。'登乃禁溪水,水为不流。炳复次禁枯树,树即生荑,二人相视而笑,共行其道焉。"徐、赵两人所行巫术为"越方",即岭南百越民族的禁咒巫术。

气禁,亦为道术之一种,是通过行气于外物,使外物随心所欲而起变化,以达到养身去恶的目的,亦是源自岭南百越民族的禁咒巫术。

天师道符箓亦与西南少数民族有着重要的关联。《晋书·孝怀帝纪》载:"支胡五斗叟、郝索聚众数千为乱,屯新丰,与芒荡合党。"蒙文通《道教史琐谈》一文认为,"叟"即西南少数民族之族称,"五斗叟"之称谓则表明五斗米教原行于西南少数民族。蒙又说,"符箓之事始于张道陵,符箓固非中国汉字也;故余疑其为西南民族之宗教而非汉族之宗教"。

1949年后,巴蜀地区出土的许多巴蜀铜兵器——剑、矛、钺、戈等,基部上往往铸或刻有兽型纹、虎纹和类似文字的符号,其形制与纹饰

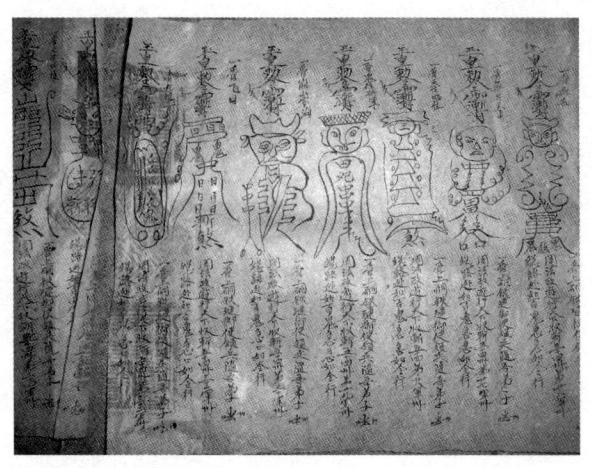

贵州民间道坛职牒中的道教符箓

皆由一些单体的代表某种意义的符号连缀而成,一般称为"巴蜀图语"。这种巴蜀图形字既不同于青铜铭文,也非篆隶,却很像道教符箓。巴蜀文字在秦灭巴蜀百余年后的汉代消失,但却可能保存于巴蜀诸族中。原始民族的文字一般由巫师掌握,五斗米道既然在西南少数民族地区建立,很可能在吸取西南少数民族巫教的同时,也吸取了被各少数民族族群之巫师所掌握的巴蜀文字。因此,巴蜀文字转为道教符箓的可能性很大。

4 道教音乐吸纳少数民族音乐

道教音乐与西域音乐有密切关系。其斋醮音乐是在斋醮仪式中，用打击乐器（法器）伴奏，用丝弦乐器演奏曲牌，以使诸方尊神降临斋筵；道曲则是道教音乐的另一形态。隋唐时期，大批西域音乐及乐师流入中原，对唐代音乐产生了深远的影响，道教音乐亦不可避免地受到西域音乐的影响。道教音乐中的许多乐曲实际上就是西域音乐，如《金华洞真》等；有些则受到西域音乐的影响，如《甘州》等是"变龟兹声为之"的音乐。白居易《法曲》诗自注说："天宝十三载（754），始诏诸道调法曲与胡部新声合作。"王溥《唐会要·诸乐》载："天宝十三载七月十日，太乐署供奉曲名，及改诸乐名。太蔟宫时号沙陀调，龟兹佛曲改为金华洞真。"足见西域音乐对唐代道教音乐的影响极为深远。

宋真宗赵恒笃信道教，故在全国大兴道观，并征集画师在道观墙壁作画，《朝元仙仗图》就是当时著名的道教美术作品，此图左上方写有"仙乐龟兹部"字样，足见以龟兹为代表的西域音乐对宋代道教音乐同样影响至深。又《宋史·乐志》记载，当时每春秋圣节所举行的三大宴中,所奏音乐的"第十七奏鼓吹曲或用法曲,或用龟兹"。从法曲和龟兹曲的名称来看,均为道教用曲。

早期道教广泛吸纳西南少数民族宗教信仰文化因子,是汉族宗教信仰与少数民族文化相互碰撞、交流与涵化的结果。道教发展成熟以后,随着跨族际、跨区域人员流动与文化交流的继续发展,道教不仅在汉民族中传播,也向各少数民族地区传播。成熟的道教不仅影响了少数民族的传统宗教,而且将自己的信仰体系植入一些少数民族宗教信仰的核心。

二 道教在少数民族地区的传播

1 西　　南

四川

　　早期道教与羌族有着深厚的渊源。羌民崇奉道教首先即体现在其白石崇拜习俗中，岷江上游及杂谷脑河沿岸乃羌族聚居区，随处可见被供奉的卵形白色石英石，代表羌族释比文化（即羌族传统的自然崇拜和祖先崇拜等宗教文化现象）中信奉的数十种神灵，包括玉皇大帝、火神、关帝等道教神祇。

　　羌族崇奉太上老君、文昌帝君、东岳大帝、城隍等道教神灵，为他们建有庙宇。

　　羌族普遍祭祀和崇拜太上老君，认为他法力极大，故羌区各地建了多座老君庙，并举办庙会祭祀老君。如今四川汶川县龙溪乡直台寨，在乾隆年间修建老君庙，每年农历二月十五日举行庙会祭祀太上老君。羌族巫师主持法事时，多在所念诵之符咒末尾用汉语呼一句："太上老君，急急如律令！"例如，婚礼仪式中当新娘到婆家时，巫师在男方家门口举行的解秽解煞仪式中，所念诵的解秽词就有这样的话语：

川西羌族民居供奉的门神

"天地自然,秽气分散……新人新步,脚踏四方,方方都是大吉大利,太上老君,急急如律令!"

羌族亦崇拜文昌帝君(其原身张亚子。祖属虽为氐羌民族,但被推尊为"文昌帝君",则是被道教吸纳改造的结果),羌区一些地方建有梓潼庙,每届农历二月初三必举行庙会。在羌族传说中,这天是梓潼帝君(即文昌帝君)的诞辰,故须烧香祭拜。因信仰文昌帝君,羌族便形成敬惜字纸的习俗，但凡写有文字的废弃纸张不能乱丢，不能践踏，否则，就会因侮辱文昌帝君而受到神灵的惩罚。掉在户外的字纸，也都会被民众捡拾并送入字库（专门焚化废弃纸张的石塔），集中焚烧。此外，一些羌族家中神龛上亦会奉祀文昌帝君。

羌族崇拜城隍，和汉族一样修建有城隍庙，内供十殿阎君，每年八月十五举行城隍庙会，祭祀城隍。只是他们心目中的城隍是地方官吏的象征，类似汉族信仰中的阎罗帝君和无常鬼一类的阴官阴差。羌族巫师在为凶死者招魂除黑超度（即为凶死者做的招魂超度法事，做法事时，先用黑白线结成网格网住凶死者的死处，念咒后再用刀将线割去）时，常常会念诵咒语："何年何月何日生，何年何月何日死。城隍到了，要你的命，命该如此莫奈何。城隍九链九锁将你锁，要想还魂不可能。"

川西藏区毗邻青城山，早期道教在汉代就已经传入今汉源、茂县及松潘一带，当地至今还存留着明清时期修建的道教宫观，如松潘黄龙寺、汶川水磨沟黄龙观、小金县美兴镇观音阁、茂县太清宫等。黄龙观堪称四川少数民族地区寺观中佛道融合的典型，观内观音殿供有十八罗汉塑像，又供奉黄龙真人——当地地方性的道

川西羌族神龛

川西羌族释比使用的法器

教神。每年农历六月十六日,松潘县都要组织黄龙庙会,为期三天。届时,川、甘、青毗邻区的藏、羌、汉等族群众成群结队前往观前转山,并朝拜黄龙真人,连藏传佛教的喇嘛也会参加朝拜;又如,近代以来川藏交界处的巴塘关帝庙,香火极为兴盛,每年农历正月初一、十五,藏汉群众都要前往关帝庙烧香朝拜;今四川平武县白马乡的白马藏人仍信奉自己的传统宗教巫师"白莫",但道教的影响同样是显而易见的,白马藏民直呼"白莫"为"道士",当地木座寨的《师道碑》上,还刻画着道教符咒。

《云笈七签·二十四治》载:"第七蒙秦治。山在越嶲郡台登县西……昔伊尹于此山学道,上有芝英金液草,服之得度世,后有汉中郡赵升得道于此。" 早期道教所立二十四治中的第七治蒙秦治,即

四川松潘黄龙寺庙会

在古越嶲郡（今四川西昌市礼州镇一带）内。由此可见，早期道教那时就已经在彝族地区传播。今攀枝花境内彝汉杂居区的彝族家庭多供奉家神，其形制与汉族神龛几乎一致——以"天地君亲师"之位居中，"赵公元帅"之位居左，"历代祖宗之灵位"在右，"土地神位"则在下方。

川南苗族村寨虽主要信仰其民族传统宗教，亦不乏道教影响的深刻痕迹。美国学者葛维汉（David Crockett Grham）所著《川苗的宗教习俗》一文中，描述了20世纪30年代川南苗族巫师使用道教式符咒占卜的情形："在符咒还不很多之时，川苗把它当作灵验的先知和保护神。"一些苗民将道教式纸符贴于居所门上或室内，有的则将七把木剑或匕首捆在一起，并用木炭画平行线于其上，挂于门上或屋梁上，以达到驱邪避秽目的。川南苗族巫师还为主家画神水，用来敬神、止血、消除卡在喉咙里的异物、祛除房屋里的秽气、驱寒、保佑妇女平安生产、孩子健康无恙等。此外，该文还记载了当时川南苗族巫师使用的法器：一个木制的光滑的舌状物，两面都刻有符咒，汉族的端公、和尚和道士都使用它，称之为令牌；一个刻有汉文的铁印，这也是汉族端公、和尚和道士常使用的。

云南

南诏政权建立之前，道教就已经传入西南夷地区。三国时期的滇人孟优，相传乃孟获之兄，曾在巍山（位于今云南大理白族自治州）龙潭殿修炼，方志文献均将其列入滇省仙道人物。孟优的修道学仙事迹，及其与部族首领具有血亲关系的特殊身份，进一步说明道教在巍山地区影响的深入与普遍。南诏国还在其境内点苍山上以官方的名义，设立八卦台以祭天。嘉靖《大理府志》载:"太和画卦台,在苍山龙泉峰下。武侯屯兵之地,世传武侯于草莱中得石,刻伏羲像,因作八卦台祀之。土人以为祭天,又名为祭天台云。"八卦是道教易学的典型标志,修建八卦台作为官方的祭天台,体现出道教对南诏政权的影响极为深远。

乾隆《云南通志》载,766年南诏王阁罗凤曾命清平官郑回撰《南诏德化碑》,碑文内容亦充分体现出道教对滇地的影响:

> 恭闻清浊初分,运阴阳而生万物;川岳既列,树元首而定八方……道治则中外宁,政乖必风雅变……我赞普钟蒙国大诏,性业合道……阐三教、宾四门,阴阳序而日月不僭,赏罚明而奸邪屏迹。通三才而制礼,用六府以经邦。

碑文中不乏道教中广泛使用的术语。"阐三教"则表明南诏王室推行三教并行政策,道教在南诏国境内当然具有更为宽松的发展环境。

巍山彝族古今盛传的太上老君点化细奴逻的神话故事,亦反映出道教对南诏的影响极为深远,道教已经被运用到神道设教、君权神授的政治行为中。康熙《蒙化府志》载:

> 蒙舍诏古哀牢人,其先有骠苴低者,子低牟苴,捕鱼于江,溺死。妇沙壹往寻之。坐沉木,感而有孕,生九子……惟五子牟苴笃贤而黠,生十三子,五贤七圣,传三十六代。至蒙伽,蒙姓始此。独其妇摩利羌,亦因浣絮于龙泉,感而生子,名独罗消,数有祥异。哀牢王疾忌,遣使杀之。其仆波洗杀犬以厌其光,以己子细奴逻授哀牢使者,遂名独罗消为细奴

逻,窃负而避难于蒙。及长,娶妇曰蒙欲,耕于巍山之麓。其妇往馌,有老人美髯,戴赤莲冠,坐于磐石旁。有二童子,左执镜,右捧仗,侧有青牛白马,向妇索食。妇敬享之,回家再炊而往,老人复索食,又享之,如是者三。奴逻怪其迟,妇告之故。因同往谒于磐石下,老人谓曰:"尔夫妇何所欲?"奴逻叩祈福佑。老人因击其耜十三曰:"尔子孙富贵,奕叶相承,其数如此。"遂冉冉腾云而上。嗣是树畜繁盛,部落日归,号蒙舍诏。

太上老君点化细奴逻(另一版本则称点化者是梵僧)的传说,虽然是为了满足"君权神授"政治逻辑需要而产生,但也折射出道教对南诏政治活动的影响。

另从三官崇拜也可见道教信仰与彝族信仰的渊源。南诏政权在与唐王朝盟誓时,祈请早期道教所崇奉的天官、地官及水官监誓,且严格按照早期道教仪轨处理"三官手书"式的盟誓文本,说明南诏时期五斗米道依然被奉行。

此外,巍山彝族地区流行的土主崇拜,为道教与彝族山神崇拜、祖先崇拜相结合的产物。据调查,彝区凡是有土主庙的地方即有道教宫观,且土主庙与道观多混为一体,宫观内既供奉道教神灵,亦奉祀土主神。

道教在云南白族中亦被广泛信仰,除了玉皇大帝被奉为最高天神外,白族还崇奉太上老君、三皇、文昌及关帝等道教诸神,亦供奉"天地君亲师"及灶君牌位。白族巫师称其祖师为"白骨真人",且传说此乃太上老君亲授的神职;昆明西山区的白族群众每年农历五月十三日,都要在关帝庙内举行大刀会祈雨;农历六月初一至初六,礼拜北

云南大理巍山土主庙

斗,祈延年益寿;洱源县凤羽镇凤翔村白族亦信仰财神,举办三元胜会及送灶神等具有道教色彩的民俗信仰活动;白族道士为群众举办斋醮活动时,须供奉三清、玉皇、三元、五斗、二十八宿、灵官、八仙牌位和神像,身穿道袍,持朝简,戴朝天冠,使用刀剑、法铃、令牌、法镜、法篆及锣鼓等道教化法器。

白族道教信徒亦组织洞经会与皇经会,诵读《玉清无极总真文昌大洞仙经》及《开坛经》,其中有《太上老君请经偈》《灯科》等源于道教的祝愿词。另有经书《全八卦》,主要讲述文昌及历代祖师修炼的历史。上述民间道教组织以文昌宫为活动据点,一年办两次文昌会、两次武圣会;供奉紫微玉皇大帝、天皇上帝、北极上帝、后土皇地祇、元圣天尊、九阳上帝、普化天尊、文昌帝君、太极元君、储真衍庆天尊、嗣庆储祥元君、玉清元始天尊、上清灵宝天尊及太清降生天尊等神灵，其中多为道教神祇。

此外，云南白族的本主崇拜亦深受道教影响，有相当一部分神灵来自道教。在白族火居道士祭本主的仪式中，多祈请土地、城隍、文昌、灶君及龙王等道教诸神。

早在唐代，道教就可能已经传入今丽江纳西族聚居区。明代纳西族第十三代土司木增崇拜道教，曾亲自到武当山迎请真武神像，并在玉龙雪山下建庙供奉。雍正四年（1726）改土归流后，道教在纳西族地区得到进一步发展。据光绪《丽江府志·风俗》载："八月秋分，禾稻渐熟，始极赛，或入龙神祠、城隍庙荐新。九月上旬道士朝真，村人络绎进香者凡九日。"

此外，云南部分苗族也信仰道教；云南兰坪普米族亦受道教影响，亦有洞经会组织；阿昌族堂屋中既供祖先，又敬灶君；云南布依族普遍敬奉灶神、山神、门神及龙王等，亦信仰青龙、白虎、朱雀及玄武等道教神灵。

贵州

大概在南北朝时期，道教传入今贵州境内的布依族地区，布依族传统宗教《摩经》中，仍保留有布依族摩教吸纳道教思想的内容。如《祭祀经》："长生不老人人爱，一梦而终个个惊。生死原来是有命，阎王许定到如今。"经文内容表明布依族传统宗教已经吸纳道释之仙佛思想。布依族丧葬仪式中使用的《指路经》中，有"左青龙，右白虎，前朱雀，后玄武"之句，上述四方位之神灵，无疑源自道教护卫神。此外，太上老君、彭祖、张天师、八仙及灵官等道教神灵，也广为贵州布依人所崇拜。在黔南罗甸县等布依族聚居区的田野调查中发现，在丧葬仪式等民俗信仰活动中，布依族传统宗教摩教已经被道教化礼仪所取代。

贵州松桃一带的苗族也信仰道教，湘西苗族所信奉的巴代扎文化也在此盛行。其仪式、法服法器均有浓厚的道教色彩。在巴代扎信仰的神灵体系中，亦充斥着玉皇大帝、太上老君等道教神灵的影子。据相关研究资料，道教在明代传入贵州省侗族聚居区，该聚居区也就是在那时开始出现道教宫观。侗族火居道士主要为人主持丧葬道场，为地方打太平清醮。

壮族聚居区

广西一些方志中，载有汉代道教传入当地的传说。民国《钟山县志·地理志》载："丹灶山，县五十里，在白霞浮云山旁，相传汉张道陵炼丹于此。""丹霞观，在白霞。相传为张道陵炼丹处。"嘉庆《广西通志·胜迹略》载，博白县紫阳观"在城西南六十里。在紫阳岩南，汉刘知远建"。关于道教传入壮族聚居区的时间问题，学术界有四种观点：一为秦汉说，二为汉末三国说，三为两晋说，四为唐宋说。由于文化传播与融合是一个逐渐的过程，因此，很难准确地界定道教传入壮族聚居区的时间节点。

《晋书·葛洪传》载，西晋光熙元年（306），葛洪"以年老，欲炼丹以祈遐寿，闻交趾出丹，求为句漏令"。葛洪求任句漏令未果，"遂将子侄俱行，至广州，刺史邓岳留，不听，去。洪乃止罗浮山炼丹"。期间，葛洪曾前往日南、扶南等地，今广西南部是其南下的必经之地。

1938年，桂林北郊出土了南朝刘宋时期的《欧景熙地券碑》，1962年，桂林东郊老山南齐墓地中出土有滑石地券，1980年，融安再次出土南朝滑石地券。上述发掘出土的地券中，分别记载有道教用以镇守四方的青龙、白虎、朱雀、玄武方位护卫神的称谓，此外还题刻着王侨、赤松子、李定度及张坚固等仙释人物姓名；而河池市宜州区白龙洞亦有诸多记载道教事迹的摩崖石刻、碑铭文字，体现出明显的道教信仰痕迹；《云笈七签》确定的三十六小洞天中，广西就有三处，即第二十洞天都峤山洞天（又名宝玄洞天）、第二十一洞天白石山洞天（又名秀乐长真天）、第二十二洞天句漏山洞天（又名玉阙宝圭天）。这些久负盛名的洞天福地，引来不少道教名士，自然也就进一步助推道教在广西少数民族地区传播。

由此可见，最迟至东晋时期，道教人士已进入广西少数民族地区，开展宗教传播活动。多数学者认为，道教传入广西的时间当在魏晋时期，而真正开始影响广西各少数民族宗教文化，则始于唐宋时期。

唐宋以来，壮族聚居区纷纷建立三界庙、关帝庙、北帝庙、土地庙及神龙庙等与道教信仰有关的祠宇。壮族的超荐度亡经书中，亦有与道教相关的术语和神仙思想，例如："亡者回山去，阳世大地好风流，逍遥又耍街。亡者不回头，尊吾太上老君敕令。"壮族道公亦称其祖师是先到梅山学道，后到茅山传道，因此称之为梅山道或茅山道。他们在法事活动中供奉太上老君为最高神，念诵汉文道经。

瑶族聚居区

早期道教创立于巴蜀后，即从长江上游的巴蜀逐渐向中下游传播，进入当时活动于长江中游的瑶族先民盘瓠蛮聚居区。瑶族道教的始传时间应是在 3～4 世纪。《太平广记》引《武陵十仙传》称，魏晋时期荆州武陵蛮（今湖南西部至贵州东部）的太浮山（又名独浮山，亦名彰龙山）有青玉坛，有汉代道士浮丘子修道遗迹。这说明魏晋时道教已传入武陵地区，武陵是盘瓠蛮起源地。

活动在湘州地区的蛮人，东汉时称为"长沙蛮"，魏晋以后称为"湘州蛮"，亦属盘瓠系蛮人，其活动范围在今湖南洞庭湖和资江、湘江中下游地区，其地有瑶族梅山教发源地——梅山。从许逊、吴猛、梅子真传教梅山蛮区的史实，可以推测梅山蛮信仰道教当在两晋时期。

有学者认为：北宋时期，瑶族活动频繁，与汉族接触日益密切，道教乘势而入，开始在瑶区大规模传播。宋代以后，道教诸流派此消彼长，正一道日益活跃，导致此派对瑶族影响更大，瑶族后来流传的便是正一派道教。瑶传道教包含梅山派与茅山派，而梅山派又是与瑶族传统信仰紧密结合的一个独特的支派，更体现瑶传道教的特性。并且，道教传入瑶族地区后，受原始宗教的强大影响，产生了文教和武教两种变体。

海南岛

汉代以来，中原人不断迁移到海南岛落户寓居，从而为道教传入海南岛创造了条件。据考证，道教传入海南，最早应该是在唐代。南宋时期，南宗道派五祖之一白玉蟾，推动了道教在海南岛少数民族中的传播。据万历《儋州志·外志·仙释》载：

> 白玉蟾，姓葛，名长庚，宋琼山五原人。年十二应童子科。
> 尝于黎母山中遇神人，授以洞玄雷法。养真于松岭，长游方外。

得翠虚陈泥丸之术。当时士夫欲以异荐之,弗就也。翠虚解化于临漳,乃往还罗浮、武夷、龙虎、天台、金华、九曲诸山。又于九曲作止庵,丹灶尚存。时或蓬头跣足入廛市,或青巾野服游宫观,浮沉俗间,人莫识也。博洽儒书,究竟禅理,出语成章,文不加点。真草篆隶,琴棋书画,无不精妙。

白玉蟾"尝于黎母山中遇神人,授以洞玄雷法",从这些记载看,南宋时期道教已传播到海南岛中部山区,与海南岛少数民族的原始宗教相互影响和融合。

大约在明末清初,道教大量传入黎族地区,并迅速与黎族传统的宗教融合在一起。深受道教影响的汉道公最终取代黎族传统宗教巫师——娘母和鬼公,成为黎族地区主要的宗教活动主持者。道教自唐

海南文笔峰玉蟾宫(南宗宗坛)供奉的白玉蟾塑像

宋传入黎族地区,经元明两朝,至清代黎化成型,民国时期达到高潮,至今仍然对黎族民间习俗和社会生活产生广泛影响。

海南苗族先民于明代进入海南岛戍边,但他们在进入海南之前,就已信仰道教。落籍海南后,苗族传统宗教与道教进一步融合,并不断发展变化,逐渐形成了具有海南苗族特色的道教派别——道派与师派。海南苗族的道公很崇敬道教张天师(张道陵),苗族古歌或祭祀歌,多次出现"天师"这个道教人物及其事迹。如《盘皇婚姻歌》中所唱:"婚姻当初天师造,造来世上和婚姻,合婚书来八人打,打成书字和婚姻。"又如道公或师公传唱的《天地歌》称,祖先开天辟地的历史事迹,也是"天师般般拾全了",由天师记载传承下来的,而且,张天师还"通明天般知了尽",所以他"细字申阴阳",也就是著书立说、解说阴阳的道理。《蟾蜍歌》讲夫妇结婚几年尚未怀孕生育,于是,"十五两银买草纸,香花灯筵列成行。十五两银买祭酒,酒埕摆了满厅堂。请来道师祭神仙,三日三夜坛打醮"。

南方其他少数民族区域

道教对岭南一带的少数民族宗教亦有着重大影响。道教主要是经楚、蜀、吴地区,传入岭南一带。但是对于道教传入岭南的时间问题,学术界亦有争论。

一为秦汉传入说,认为既然安期生与罗浮有密切的关系,足以证明秦汉时期岭南之罗浮即已成为道教圣地之一;二为西晋传入说,认为西晋时任南海太守的鲍靓即是岭南道教的开创者,亦有人认为当时的广州刺史王怀之、王机和南海太守鲍靓及其女儿鲍姑均为道教徒,这些人物的信仰活动即成为道教传入岭南的先声;三为汉末魏晋之际传入说，认为道教丹鼎派可能在东汉末及三国时传入南海等郡，而五斗米道似乎在东晋才传至岭南。

仫佬族主要聚居于今广西罗城仫佬族自治县，唐宋以后，道教传入该地。流传在仫佬族聚居区的道教分为梅山教和茅山教两派，其神职人员称道师或鬼师，仫佬话叫作"喃神人"。仫佬族道师奉三清为祖师，以师父带徒弟的方法传授道术，徒弟初步学会之后才度戒，仪式在受戒者家中进行，设坛作法一昼夜。受戒者经过火炼和上刀梯的考验后，即可替人作法消灾。

毛南族主要聚居于今广西环江，宗教信仰亦带有道教的痕迹，但毛南族所传的道教亦是民族化的道教，且在组织、教义和法事上没有严格的道教仪轨。民众家中多供奉"天地君亲师"神位，祭祀灶王、土地神、财神、圣母及雷王，门神则以神荼、郁垒取代尉迟敬德和秦叔宝，此外，还奉祀三元神。灶王是仅次于祖先神的重要神灵，每年腊月二十三日送其上天，每月初一、十五亦须祭祀灶王。土地神乃家庭守护神，常与祖先神一并供奉。道士主要的法事活动是打斋念经、超度亡灵、还愿赶鬼，其法事活动又具有明显的佛教因子。毛南族道士分正教、丙教两派，正教道士吃素，丙教道士不吃素，但二者均属于文教。此外，还有称为武教的鬼师，鬼师不吃素，属梅山派，能还愿、赶鬼，但不懂打斋、开路。文教道士和鬼师都有一套汉文经书，诵念时则大多用德胜语（流行于广西河池市宜州区德胜镇一带的汉语方言），小部分用壮语和毛南话。

京族主要聚居于今广西防城港，多数群众笃信道教。做法事的道士，被称为"师父"。这里的道教分正一派与茅山派两种，正一派道士主持法事时静坐念经，而茅山派则击鼓跳跃。

2 西　　北

青海土族地区

　　隋炀帝时，曾在今青海大通回族土族自治县境内的金娥山修建道观，以纪念随军征讨吐谷浑时病故于此地的妃子金娥，观名为圣母祠，并改山名为金娥山，命随行道士主持圣母祠；唐时，驻扎在今青海海东市乐都区境内的将吏，开始在驻防地及其周边修建包括道观在内的祠宇；大通回族土族自治县元朔山，在明代即修建有太元宫、紫峰观等道教建筑；如今，在土族聚居的民和回族土族自治县、互助土族自治县等地，很多村庄都修建有供奉数个神灵的祠宇，供奉有二郎神、灶神及财神等道教神灵。

　　部分土族信仰道教，供奉真武祖师、九天玄女、二郎神、山神及土地等道教神祇。以宗教为职业者被称为"波"，即法师。民间庙会也大多属于道教性质，如春天青苗季节的波波法会，春夏季节的鸡蛋会，秋天收获季节的纳顿、农历九月九庙会等。

　　波波法会是土族法师所做的道场，俗称"跳神"，是在供奉龙王、娘娘等神祇的寺庙里，由法师主持的酬神祭祀仪式；鸡蛋会是互助土族自治县等土族地区的传统庙会，在农历三月三、三月十八、四月八举行。届时，进香民众自带许多鸡蛋赴会，一是自食，二是敲击做戏，故称鸡蛋会，主要是为龙王、九天玄女娘娘等献牲酬祭；纳顿是民和回族土族自治县土族的传统庙会，每年农历七月二十日开始举行，以答谢神仙的恩惠，祭祀道教的二郎神等神灵；九月九庙会，是民和自治县土族的传统庙会，每年农历九月九日至十一日举行，祭祀玉皇大帝、二郎神及七星等神灵。

新疆

据吐鲁番出土的道教文物推测，道教传入今新疆境内的时间，应不晚于公元四五世纪，且主要流传于今哈密、吐鲁番地区。

从已有考古发现来看，吐鲁番地区陆续出土了不少与晋唐西域道教内容有关的纸质文书，其中尤以阿斯塔那及哈拉和卓墓地出土最多。出土的有关道教典籍的文书主要有《道德经序诀》《老子道德经注》《南华经》《太上洞渊神咒经》《太玄真一本际经》《太上业报因缘经》《太上洞玄灵宝无量度人上品妙经》《太上洞玄灵宝升玄内教经》《神仙传残纸》《唐抄开元占经略》等。

另外在当地出土的许多随葬衣物疏中，也带有"急急如律令"等具有鲜明道教色彩的语句。除此之外，在吐鲁番地区还出土过一些符咒残片、桃人木牌、方术文书《五土解》及各类祭神鬼文书等。

考古工作者还发现了大量与汉唐西域道教相关的纸画、幡画和壁画。纸画和幡画主要出土于吐鲁番阿斯塔那墓地及哈拉和卓墓地，壁画则散见于吐鲁番阿斯塔那墓地、拜城克孜尔石窟、库车森木塞姆石窟及库木吐拉石窟。据《新疆考古三十年》载，具有道教内容的纸画，较为完整的遗存目前仅见阿斯塔那13号墓地出土的《墓主人生活图》，这件作品的年代约在4世纪，画面的上方出现了星象图。阿斯塔那墓地出土了大量麻质和绢质的《伏羲女娲图》幡图，这些幡画大都钉于墓室的顶部或侧壁，画面四围绘星象图。这种幡画在吐鲁番始见于鞠氏王朝（497～640）时期，唐代尤其盛行。一般认为星象图式与道教文化有直接或间接的联系，绘制年代大约为晋唐时期。

9世纪中叶，回鹘由蒙古高原西迁，进入今新疆地区并承袭了早已传入该地的道教文化。20世纪初，德国探险家勒柯克在吐鲁番西部的交河故城，发现一件与中原道教符箓技法几乎一致的回鹘文符箓及两件回鹘文道教文献残片。在回鹘文符箓中，画有判断休咎的卦象，说明道教易占术已深刻影响回鹘民族的宗教信仰。

13世纪初，成吉思汗率军西征之际，全真道首领丘处机曾应召奔赴中亚。丘处机在其行记中曾提到鳖思马大城（即北庭，故址在今新疆吉木萨尔北12公里破城子遗址）有道士，而且人数还不少。元

1964年新疆吐鲁番阿斯塔那M13出土的《墓主人生活图》纸画

代李志常《长春真人西游记》卷上记载："西即鳖思马大城，王官、士庶、僧、道数百，具威仪远迎。僧皆赭衣，道士衣冠与中国特异……时回纥王部族供葡萄酒……侍坐者有僧、道、儒。"可见回鹘国确实有道士存在，且与回鹘王室关系密切。其衣冠与内地道士有异，当为回鹘道士或回鹘化的汉族道士。

秦陇

东汉末年，河陇、巴蜀及汉中之间人口迁徙流动频繁，天师道随之传入河陇地区。尤其是曹操消灭张鲁政权后，曾将巴蜀及汉中地区信奉天师道的巴氏、賨人迁入陇右及略阳地区。据《十六国春秋·蜀录》载，这些巴氏人"徙内者亦万余家，散居陇右诸郡及三辅、弘农，所在号为'巴人'"。天师道即随着这些大规模迁徙，在秦陇氐羌族聚居区落地生根，进而一路向西，在河陇地区广泛流播。

魏晋时期，道教对秦陇一带的氐族宗教信仰产生影响，氐族民众已开始利用道教思想为理论依据，制作符书，发动起义。

在同一时期，道教已在秦陇羌族中广泛传播。近年在渭北发现的《北魏荔非周欢道教造像碑》，乃北朝羌族荔非家族所造，荔非为魏晋南北朝时期关中的羌族部落，此碑反映荔非部落曾信奉道教。

张凤《汉晋西陲木简汇编》收录一敦煌简，其正面书写"仙师敕令三天贵龙星镇定空炁安"，反面书写"金木水"，此简内容及其形制、书写格式均与道教符箓极为类似。张凤先生以此为"仙师符"，并称"自张道陵作五斗米教，以符箓为镇厌，道家作符凝神咽气，专以神秘为尚，今世犹然。此为晋时物"。陈槃所著《汉晋遗简识小七种》亦认为"以此符为'晋时物'，盖近是"。但他认为张陵道教"主其教者本称'师君',尊信之者则号曰'天师'……于嗣师亦然,寇谦之是也……今木简符乃称'仙师',则疑为别一道教,非张陵道教之谓……案寇谦之天师道教徒,谦之'好仙道'而'修张鲁之术',则天师与仙道之关系可知……是天师道即仙道……以此言之,木简符之所谓'仙师',盖即'天师',理或然矣"。两位先生对于此敦煌木简符,究竟出自道教何流派之手笔存在不同的解读,但均认同此敦煌木简属于东晋时期的遗存。由此可见,当时道教已深入包括敦煌在内的河西地区,且符箓被广泛使用。

《北魏荔非周欢道教造像碑》拓片

3 长江中游

魏晋南北朝时期，盘瓠蛮和廪君蛮分布在荆、湘、皖、赣等长江中游地区。早期五斗米道由巴蜀逐渐向该区域传播。庐江潜山（今安徽潜山）有三峰，即天柱山、潜山、皖山，天柱山是其主峰。宋本《太平寰宇记·淮南道三》载："三山峰峦相去，隔越天柱，即同立洞府九天司命真君所主。魏时左慈居潜山，有炼丹房、金丹灶基存。"相传天柱山石龙峰有莲花洞石室，有左慈采药的良药坪，还有上、中、下三处炼丹台遗址。潜山因左慈等修道仙迹，而名列道教洞天福地之中，道教三十六小洞天中第十四洞天为潜山洞，为道教的司真洞，又称为司玄洞府或天柱司玄天。

自左慈潜山修道之后，潜山先后有郑景世、张重华、张定、张玄宾、赵祖阳等人修道。在魏晋南北朝的道教神仙中，赵祖阳被冠以"潜山真伯"之号。东晋时，潜山道教已形成教团的规模。据《晋书·周札传》载："时有道士李脱者，妖术惑众。自言八百岁，故号李八百。自中州至建邺，以鬼道疗病，又署人官位，时人多信事之。弟子李弘养徒潜山，云应谶当王。"李弘传教的潜山是蛮族活动地区，汉时有蛮族酋帅雷薄、雷绪、梅乾、梅成等，雷是廪君蛮大姓，梅是盘瓠蛮大姓。

土家族地区

东汉末年张鲁时期，五斗米道即在巴地广为流行。《三国志·魏书·张鲁》载："鲁遂据汉中，以鬼道教民，自号'师君'……雄据巴、汉，垂三十年。""巴郡南郡蛮"中，以白虎为图腾的白虎人即今土家族先民。东汉末年，土家族先民已经接受早期道教，并将之与自己的宗教信仰紧密结合。魏晋以降，土家族先民信道者日益增多。《舆地纪胜·归州》载："荆楚之风，夷夏相半。有巴人焉，有白虎人焉，有蛮蜑人焉。巴人好歌名踏蹄，白虎事道，蛮蜑人与巴人事鬼，纷纷相间，浸以成风。"

元明清土司统治时期，土家族聚居区开始兴建道教宫观，各地均出现了影响较大的道教信仰场所。清代的土家族土司甚至聘用大量的道士和术士，湖北按察使王柔因此向朝廷奏呈容美土司田旻如招纳妖僧邪道，烧丹炼汞，"心存不轨，招纳妖僧邪道，烧丹炼汞，除经督臣参奏各款无庸赘叙外，近复拿获旻如门客、匪类刘玺、赵打虎、刘安太等，审系倾销假银，及拳棒、端公，大概俱系诡托诱骗之徒。现在按律究拟"。朝廷疑惧其有谋反之心，遂下令缉捕道士、术士刘玺、刘安太、胡道人、赵打虎等多人，此亦为田旻如自缢和容美改土归流的重要导火索之一。改土归流后，汉族大量流徙至此地，道士也从晋豫、湖湘、江浙诸地趁势而入。道教开始全方位地对土家族传统宗教信仰进行渗透与影响。

土家族巫师梯玛（汉语称土老师或土老司）在法事中悬挂的神像图分为上、中、下三段，上段则供奉着道教的三清神，灵宝天尊居中，左右分别是元始天尊和太上老君。中段上部是土地神的十二个殿堂，中段略下处画着土家族的三个远祖。下段中间是玉皇大帝，天、地、水、阳四帝，王母、神将、雷公、雷母，左右分别排列着六星男神和北斗七星女神。显然，这张神像是道教与土家族原始信仰相融合的产物。道教信奉的城隍以及管理一方地面的土地神，在土家族普遍受到尊崇，府、州、县的主要城镇都建有城隍庙，不少地方还建有土地堂，定期祭祀。

此外，土家族还敬灶神、五谷神、豕官神，在修房造屋时需祭鲁班。梯玛每举行重大的宗教活动，都要先请太上老君授予职权，才能驱使鬼兵神将。梯玛的职责是上书三清和玉皇大帝，请求派遣各路兵马擒妖逐魔，这一行为明显受到道教符箓派影响。梯玛举行追魂法事时，所念咒语中往往有"道法常存，吾奉太上老君敕令施行"等语。

梅山区域

古梅山文化区地跨湖南邵阳、益阳、娄底、怀化、安化及新化等市县。魏晋南北朝以来，梅山成为瑶族先民梅山蛮的聚居地，尤其是湘沅流域之间的新化、安化所在的上、下梅山，是历史上梅山蛮的活动中心。《宋史·蛮夷二》载："梅山峒蛮，旧不与中国通，其地东接潭，南接邵，其西则辰，其北则鼎、澧，而梅山居其中。"

北宋神宗熙宁五年（1072），章淳大规模开发梅山，将梅山蛮纳入朝廷的直接统治中，包括道教在内的汉文化因此大规模地传入古梅山地区，深刻地影响着瑶族先民社会生活各领域。起源于梅山的梅山教，是该地区少数民族主要是瑶族所创立的一种民族宗教，在其发展过程中深受道教影响，其信仰与仪式均融摄有道教法术和原始巫教。

在梅山教与道教的关系问题上，一些学者认为，梅山教并不是一种独立的民族宗教，而是道教的一个分支即梅山派道教，另有学者则认为，梅山教主要是瑶族创立的一种民族宗教。但是，梅山教或梅山派与道教渊源深厚，则为学术界普遍认可。

梅山教尊奉梅山启教张五郎，木雕的张五郎神像两腿朝天，双手撑地，称之为"翻坛倒立张五郎"，瑶族神谱中简称为"翻坛倒立"。湖南湘潭晓霞山梅山教巫师武建国家中有三尊汉白玉石雕的梅山神，左为李天王，右为邓天王，中为张五郎。张五郎以手当足，倒立行走，形象逼真。猎神张五郎的原型来自于梅山先民的狩猎生活，陆游《老学庵笔记》载："辰、沅、靖州蛮……有山猺，俗亦土著，外愚内黠，皆焚山而耕，所种粟豆而已。食不足则猎野兽，至烧龟蛇啖之。"

猎神张五郎为何是倒立的呢？民间传说称：张五郎是好猎手，因与猛虎搏斗而被撞下山岩，倒挂于树上而死。请梅山张五郎的神唱唱到："一十二岁去学法，三十六岁转回程……行到龙虎山前过，要在此处立坛场。"

在湖南邵阳古梅山地区，至今流传着三洞梅山的故事，大致是说梅山三兄弟学得本领，便在梅山脚下设坛收徒，并分别立上、中、下三洞为梅王，即上洞梅山李天王，中洞梅山赵天王，下洞梅山胡天王。

梅山教在祭祀仪式中，要念诵咒

梅山启教——翻坛倒立张五郎

语、口诀，书符、画讳，还要挽手诀。其符咒巫术内容丰富。其中有24种符，72种手诀。在正一道的科仪中，符咒、讳、诀是常行的法术，梅山教的太上老君正印、玄坛正印、唐葛周三将军正印等手诀，明显受到道教符咒法术的影响。

瑶族、壮族、苗族、土家族、仫佬族、仡佬族、毛南族、侗族、白族及水族等南方少数民族都不同程度地信奉梅山教。20世纪30年代，多次到广西大瑶山进行调查的唐兆民在《瑶山散记》中指出，大瑶山瑶民的宗教信仰，有的是梅山教，有的是茅山教，甚至在四川汉族地区、云南彝族地区，都存在梅山教影响的痕迹。

4 北　　方

早期道教（即天师道）崇拜天、地、水三官，"三官"乃中心信仰。汉末魏晋之际，氐羌族与天师道的关系密切，晋代氐族苻坚和羌族姚苌等，笃信"三官"，《晋书·苻坚载记》记录了不少体现天神地祇意志的天文图徽、术数之语和各种法事活动，丞相王猛认为这些是左道惑众，而苻坚则笃信之，认为是天神对他的训导；姚苌也一样，《晋书·姚苌载记》谈到姚苌杀了苻坚后，"梦苻坚将天官使者鬼兵数百突入营中，苌惧，走入宫"，甚至"寤而惊悸"。

西晋时，道教已逐渐传到鲜卑族地区，386年北魏政权建立后，道武帝拓跋珪及历代北魏皇帝都信奉道教。《魏书·释老志》载：

> 太祖（拓跋珪）好老子之言，诵咏不倦。天兴中，仪曹郎董谧因献服食仙经数十篇，于是置仙人博士，立仙坊，煮炼百药，封西山以供其薪蒸。令死罪者试服之，非其本心，多死无验。太祖犹将修焉……太祖许之，给曜资用，为造静堂于苑中，给洒扫民二家。而炼药之官，仍为不息。

太武帝拓跋焘还在平城大设天师道场，并亲至道坛，受符箓，尊道士寇谦之为国师，凡国家大事皆要征求寇谦之的意见。由于道教得到了统治者的崇信和支持，便兴盛起来；之后，《隋书·经籍四》载："后周承魏，崇奉道法，每帝受箓，如魏之旧。"

一些辽代的出土文物，也反映了道教在辽地的广泛流传。在赤峰翁牛特旗发现的广德公主辽墓，棺木上绘有青龙、白虎、朱雀及玄武道教四方护卫神；通辽市库伦旗一号辽墓，墓门洞中绘二门神；赤峰敖汉旗出土一件陶质八角形宝珠状道教卜具，上有"王子去求仙，旦成入九天，洞中方七日，世上几千年，仙列上中下，才分天地人，五行生五子，八卦定君臣"的刻词；1958年夏，辽庆州故城出土青铜镜一件，八瓣菱花形，背面外圈分铸"乾坎艮震巽离坤兑"八字。内铸花草纹，并有一"何"字，镜边沿刻款有"弟来□□□"五字。由此可见，契丹境内当时除信奉佛教外，尚有信仰道教者，此镜当属信仰道教者所用之物；在赤峰宁城小刘杖子辽砖室墓，墓门内的淤土中出土一铜镜，门顶有一颗铁钉，当为悬挂铜镜之用。此铜镜应为悬挂于门上，用以镇妖降魔的道教法器；1986年通辽市奈曼旗发掘的辽陈国公主与驸马合葬墓中，亦有道教内容的壁画和实物。

5 官方助推道教发展

成汉

道教初创时,张陵所创五斗米道(天师道)因其孙张鲁在汉中一带建立政教合一政权,而获得长足发展。巴賨、氐族等少数民族作为天师道的信奉者,纷纷投奔汉中地区。《晋书·李特载记》:"汉末张鲁居汉中,以鬼道(即五斗米道)教百姓,賨人敬信巫觋,多往奉之。"《华阳国志·汉中志》记载,张鲁在汉中利用五斗米道起义时,有巴夷首领杜濩、朴胡、袁约等积极参加。即使在张鲁投降曹操后,五斗米道依然能够在巴氏少数民族中公开传播,"魏武帝克汉中,特祖(武)将五百余家归之,魏武帝拜为将军,迁于略阳,北土复号之为巴氏"。(《晋书·李特载记》)

西晋后期,巴氏李氏之所以能够建立成汉政权,控制益州,在于借助了天师道的势力。当秦雍流民举起反晋义旗后,当时蜀中坞堡武装反抗秦雍流民集团,流民首领李特被杀,其弟李流继统军事,值大败之后,军粮匮乏,情况非常危急,幸得到蜀中天师道大首领范长生等支持，化险为夷，转败为胜。

巴氏李氏族人，汉末在汉中即信仰张鲁的五斗米道，李雄等流移入蜀后又颇信仰天师道。在范长生辅佐下，李雄在位三十年，政绩斐然。成汉之所以能在乱世中建立一个如此稳固安定的地方政权，和它以道教作为社会统治的指导思想分不开。《晋书·周访传》说："初，贤（即范长生，李雄呼之为'范贤'）为李雄国师，以左道惑百姓，人多事之。"在范长生任相治理蜀地时，多用老子之道及《周易》中的政治理念治理国家。作为五斗米道的首领，范长生精通《老子》的治国之术，用以"道"为本的思想来治理国家，他治理蜀地时减役宽政，《晋书·李雄载记》称："简刑约法，甚有名称……其赋男丁岁谷三斛，女丁半之，户调绢不过数丈，绵数两，事少役稀，百姓富实。"

成汉政权虽不像张鲁政权实行政教合一的政策，但在其统治下，天师道必有广泛的发展。因为西蜀本是天师道策源地，加以成汉政权的宽容与支持，蜀中各少数民族和汉族人民更为普遍信奉天师道。

北魏

北魏统一北方后，鲜卑族拓跋氏统治集团为了巩固自己的政权，推行汉化政策。一方面重用汉族士族大姓，倚重清河崔氏：崔宏、崔浩父子手握重权，历仕道武、明元、太武三朝。另一方面拓跋氏开始信奉道教，接受道教符箓，重用知名道士寇谦之：支持寇谦之改革五斗米道而形成的新天师道，且奉新天师道为北魏国教。《魏书·释老志》载："遂起天师道场于京城之东南，重坛五层，遵其新经之制。给道士百二十人衣食，齐肃祈请，六时礼拜，月设厨会数千人。"太武帝还接受寇谦之的建议，于440年改元"太平真君"。"真君三年（442），谦之奏曰：'今陛下以真君御世，建静轮天宫之法，开古以来未之有也。应登受符书，以彰圣德。'世祖从之，于是亲至道坛，受符录。备法驾，旗帜尽青，以从道家之色也。自后诸帝每即位皆如之。"对于北魏太武帝拓跋焘崇奉道教的情形，《隋书·经籍志四》亦有详细记载：

> 后魏之世，嵩山道士寇谦之，自云尝遇真人成公兴，后遇太上老君，授谦之为天师，而又赐之《云中音诵科诫》二十卷。又使玉女授其服气导引之法，遂得辟谷，气盛体轻，颜色鲜丽。弟子十余人，皆得其术。其后又遇神人李谱，云是老君玄孙，授其图箓真经，劾召百神，六十余卷，及销炼金丹云英八石玉浆之法。太武始光之初，奉其书而献之。帝使谒者，奉玉帛牲牢，祀嵩岳，迎致其余弟子，于代都东南起坛宇，给道士百二十余人，显扬其法，宣布天下。太武亲备法驾而受符箓焉。自是道业大行，每帝即位，必受符箓，以为故事，刻天尊及诸仙之象而供养焉。迁洛已后，置道场于南郊之傍，方二百步。正月、十月之十五日，并有道士哥人百六人，拜而祠焉。

《魏书·高宗文成帝纪》载，文成帝拓跋濬于兴光元年（454），"二月甲午，帝至道坛，登受图箓"。《魏书·显祖献文帝纪》亦载，献文帝拓跋弘于天安元年（466）三月辛亥，"幸道坛，亲受符箓"。北魏皇帝即位时要到道坛接受符箓，表示皈依道教，这一行为象征皇帝能借助道教神祇的护佑统治汉民族。

寇谦之逝于448年，主张崇道废佛的重臣崔浩则于450年被诛杀，且被尽夷其族。但崔浩事件之后的454年及466年，北魏新即位的皇帝依旧到道坛接受符箓，说明道士及其宗教活动场所并没有受到冲击。北魏迁都洛阳，之后北魏分东西，东魏移都邺，天师道场皆随迁，住持道众定员 106 人。拓跋贵族崇道并支持道教改革，为道教的日渐成熟和继续发展提供了保障。

北魏政权之后的北方政权依然崇奉道教。《隋书·经籍志四》载，北齐时代，"文襄之世，更置馆宇，选其精至者使居焉。后周承魏，崇奉道法，每帝受箓，如魏之旧"。

南诏与大理国

南诏和大理国时期，云南与中原和周边国家交往频繁，佛教信仰在洱海地区逐渐成为主流宗教信仰，但道教崇信依然流行。唐中叶时，"蒙氏强盛，蜀人有以黄白之术售于蒙诏者，蒙人俾即其地设蒙化观，以为修炼之所"。蒙化观即今玄珠观，是南诏王的宗祠，内祀南诏王细奴逻的母亲茉莉羌，是南诏最早修建的祖先崇拜和道教并存的殿宇。

唐德宗贞元十年（794），南诏与唐王朝举行苍山会盟，会盟誓文中有"上请天、地、水三官"的仪式，《蛮书·六诏》记盟誓及誓文说："节度恭承诏旨，专遣西川判官崔佐时亲信数人，越云南，与牟寻盟于玷苍山下。誓文四本，内一本进献，一本异牟寻置于玷苍山下神祠石函内，一本纳于祖父等庙，一本置府库中，以示子孙，不令背逆，不令侵掠。"《旧唐书·南诏蛮传》亦载："其明年正月，异牟寻使其子阁劝及清平官等与佐时盟于点苍山神祠。盟书一藏于神室，一沉于西洱河，一置祖庙，一以进天子。"

在会盟仪式中，祈请天、地、水三官，确与五斗米道"三官手书"有相通之处。《三国志·张鲁传》载，张修五斗米道，"请祷之法，书病人姓名，说服罪之意，作三通，其一上之天，著山上；其一埋之地，其一沉之水，谓之三官手书"。唐时三官的地位虽已不如从前，但人们对三元日的崇敬还是很兴盛的。三元日的来历与三官有关，南北朝时三官即与三元相结合而成为紫微、清虚、洞阴三位大帝。南诏前期与唐交往颇多，深知唐王朝崇敬三元（三官），因而以祈请三官博得唐王朝的信赖。在与唐中央王朝盟誓时，请这三位大神做盟证，可见道教在南诏与唐朝政治交往中的媒介作用。

阁罗凤时代的《南诏德化碑》中提到的"阐三教，宾四门""通三才而制礼"等，表明南诏王室对道教了解甚深，且推行三教并重的政策。

南诏、大理统治者还推行一些有助于道教在其境内发展的举措。如南诏国天启六年（845），南诏统治者颁定苍山十八溪涧、十九峰峦之名；南诏王世隆曾于建极三年（862），在白崖诸葛武侯所立铁柱之处铸天尊柱；南诏蒙氏政权仿中原制度，在境内设定五岳四渎，点苍山被封为中岳。元郭松年《大理行记》说："中峰之下有庙焉，是为点苍山神，亦号中岳。"

南诏政权之后，以白族为主体建立的大理国也采用儒、释、道并重的策略。大理政权承袭了南诏时期的道教传统，大理国时期的道教甚至一度颇为兴盛。明诸葛元声《滇史》载："段氏五世素顺，开宝二年己巳立，改元明政。素顺好黄老，慕恬静无为之教，于是道教始盛，黄冠遍满国中。"

大理国时期的科举考试，僧人、道士亦可以参试应举。乾隆《云南通志》引郭松年《大理行记》说："师僧有妻子，然往往读儒书，段氏而上有国家者，设科选士，皆出此辈。"清冯苏《滇考·滇南科目》载："大理国颇设科取士，皆以僧道读儒书者充之。"清倪蜕《滇云历年传》亦载宋真宗景德元年（1004），大理国王段素英开科取士，定制以僧、道读儒书者应举。

辽朝

自魏晋以来，北方地区崇奉道教风气盛行，信徒应当主要是中原流入的汉族。耶律阿保机对儒、释、道三教采取了宽容态度，以安抚和控制迁入辽地的汉族。《辽史·太祖纪》载，918年，"五月乙亥，诏建孔子庙、佛寺、道观"。919年，耶律阿保机于"秋八月丁酉，谒孔子庙，命皇后、皇太子分谒寺观"。这说明道教和儒、释二教同时取得了合法地位。

辽朝各主要京城都建有道观。《契丹国志·诸王传》载，景宗之三子齐国王耶律隆裕，"自少时慕道，见道士则喜。后为东京留守，崇建宫观，备极辉丽。东西两廊，中建正殿，接连数百间，又别置道院，延接道流，诵经宣醮，用素馔荐献，中京往往化之"。《辽史·地理志》载："上京……南曰临潢府，其侧临潢县，县西南崇孝寺，承天皇后建。寺西长泰县，又西天长观。"天长观之称与中原唐宋都城道观名称相同；在辽中京有通天观，辽圣宗曾游幸那里；辽南京更是"坊市、廨舍、寺观盖不胜书"。在辽朝其他州城也有道观。京府及诸州有道士，既有道士，也就会有他们的居所和从事宗教活动的宫观。

神册元年（916）三月，辽太祖仿中原王朝制度立耶律倍为皇太子，耶律倍具有较高的汉文化修养，爱好读书。《辽史·宗室》称，耶律倍"通阴阳，知音律，精医药、砭艾之术，工辽、汉文章，尝译《阴符经》"。看来，耶律倍不仅了解中原道教思想，而且具有较高的道学修为。将道教经典译成契丹文，则推动了道教思想在契丹贵族中的传播。

辽圣宗亦兼习佛道二教，《契丹国志》称，圣宗皇帝，"至于道释二教，皆洞其旨"。他在位47年，"时政不肃而成，四民殷阜，三教博兴"。辽圣宗还直接重用道士参与朝政，《辽史·圣宗纪》载，太平五年（1025），"夏五月……道士冯若谷加太子中允"。六年后，这位太子继位，即辽兴宗，自然崇道超过圣宗。《契丹国志》载："如王纲、姚景熙、冯立辈皆道流中人，曾遇帝于微行，后皆任显官。"

辽代权贵还通过其他方式表现与道教的结合。《辽史·圣宗纪》载，统和四年（986），"乙卯幸南京……壬戌，以银鼠、青鼠及诸物赐京官、僧道、耆老"。圣宗还在太平元年（1021）冬十月在中京，"庚申幸通天观，观鱼龙曼衍之戏，翌日，再幸"。这种做法提高了僧道的社会地位。

道教不仅在契丹本土盛行，而且在被辽征服的女真人居住地区也有传播。《辽史·赵徽传》载："清宁二年，铜州人妄毁三教，徽按鞫之，以状闻，称旨。"铜州原为渤海置，辽统治者在此地区强行维护包括道教在内的宗教秩序。

金朝

基于政治考量，金代女真族统治者积极扶植河北新道教。金世宗统治时期（1161～1189），对道教上层道首采取安抚手段，以此来拉拢中原汉族知识分子，对下层道徒则严格限制发展。宋濂《宋学士文集》载，大定七年（1167），金世宗召见真大道始祖刘德仁，"居京城天长观，赐号东岳真人"；大定九年（1169），敕立太一教汲县祖庭道院"万寿"额碑；王若虚《滹南遗老集》载，大定二十六年（1186），太一教三代祖师萧志冲住中都天长观；对全真教的招抚比较晚,直到大定二十七年(1187)十一月,才召见玉阳真人王处一进京。第二年二月,又召长春真人丘处机进京,令主万春节醮,并赐中袍,敕居官庵,召见于长松岛。一直到这年八月才打发王处一、丘处机离京,临行时还赐给丘处机钱十万。

金朝统治者招抚全真、真大道及太一教道首,客观上促进了道教的发展。世宗敕立"万寿"额碑后,太一教声教大振,门徒增盛,东渐于海;宋濂《宋学士文集》载,刘德仁被召见后,真大道"传其道者几遍国中";《遗山文集·紫微观记》载,王处一、丘处机被召见后,全真教"南际淮,北至朔漠,西向秦,东向海,山林城市,庐舍相望,什百为偶,甲乙授受,牢不可破";陈垣《南宋初河北新道教考》称:"东尽海,南薄汉淮,西北历广漠,虽十庐之聚,必有香火一席之奉。"

道教的迅速发展,违背了金朝统治者的本意。《金史·世宗本纪》载,金世宗在大定十八年(1178)三月乙酉下令,"禁民间无得创兴寺观"。《金史·食货志一》亦载,大定二十五(1185)年,"命宰臣禁有禄人一子及农民避课役为僧道者",采取严格措施限制道教的发展,防止道徒利用宗教进行反叛活动。但是,金朝的严厉措施完全是对下层道徒的,对上层道首的招抚还是照常进行。

元朝

元太祖十四年(1219),应成吉思汗之召,72岁的丘处机率尹志平、李志常等18名高徒跋涉数万里,远赴西域拜谒成吉思汗。此次会见,丘处机前后三次讲道,劝诫成吉思汗去暴止杀、济世安民。《元史·释老传》载,大汗"及问为治之方,则对以敬天爱民为本。问长生久视之道，则告以清心寡欲为要"。丘处机的建议被成吉思汗所采纳，"太祖深契其言""命左右书之，且以训诸子"。道教开始传入蒙古社会。他还命令近臣耶律楚材将丘处机所说整理成书，以便自己随时参阅。元太祖对丘处机待之如上宾，"于是锡之虎符，副以玺书，不斥其名，惟曰'神仙'"。成吉思汗敬称丘处机为"神仙"，赐号"长春真人"，令他掌管天下的道教门徒，全真门下道士也获得蠲免差役赋税的特权。

元太祖十九年（1224），丘处机东归回到燕京，成吉思汗下令在燕京为其修建长春宫，并尊其为"大宗师"。成吉思汗常遣使慰问，诏书中道："朕常念神仙，神仙毋忘朕也。"

由于元太祖对全真教的大力推崇，道教得到了较好的发展空间。元太宗窝阔台奉行成吉思汗的既定策略，在如何治国保民方面也多征

长春宫（今北京白云观），元初丘处机奉诏驻此掌管全国道教

求高道们的意见，多次召见李志常，咨以治国保民之术。元宪宗继续奉行这一政策，仅1255年，宪宗就多次召见李志常，咨以治国保民之术。

元代中央政府对正一派道教亦予以扶持，至元十三年（1276）元世祖召见正一道三十六代宗师张宗演时，待以郊劳之礼，特赐玉芙蓉冠、组金无缝服，命其主领江南道教，赐银印。至元十九年（1282），张宗演卒，其子张与棣嗣为三十七代宗师，继续袭掌江南道教。元贞元年（1295），张与棣卒于京师，其弟张与材嗣为三十八代，袭掌道教。大德八年（1304），元政府授予张与材"正一教主"称号，主领三山符箓。

终元一代，道教虽有所发展，但与唐宋时期相较，已不可同日而语了。《元史·释老传》称："释老之教，行乎中国也，千数百年。而其盛衰，每系乎时君之好恶……元兴，崇尚释氏……维道家方士之流，假祷词之说，乘时以起，曾不及其什一焉。"

此外，元政府对北方真大道及太一教同样予以扶持。真大道始自金季，由道士刘德仁创立，五传而至郦希成，居燕城天宝宫，始名其教为"真大道"，元宪宗授予郦希成"太玄真人"称号，领教事。至元五年（1268），世祖命郦希成之徒孙德福统辖诸路真大道，赐以铜章。至元二十年（1283），改赐银印。又传至张清志，真大道日益兴盛。元政府还授予张清志"演教大宗师""凝神冲妙玄应真人"称号。

太一教则由道士萧抱珍创始于金天眷年间，四传而至萧辅道。元世祖尚未继位时即闻其名，命史天泽召萧辅道至和林。萧因赐对称旨，遂留居宫邸。至元十一年（1274），元政府建天一宫于两京，命太一教教主萧居寿居之，领祠事。至元十三年（1276），赐萧居寿"太一掌教宗师"印。

清朝

总体而言,清代道教的发展趋势是在走下坡路。清朝统治者信仰的是萨满教,对道教兴趣不大。雍正朝以前,官方对道教主要是以利用为主,清王朝从中央到地方均设立管理道教事务的衙门。中央设立道录司,主官称正印、副印,下设正义、演法及至灵等职位,各省府设道纪司,州设道正司,县设道会司。

顺治皇帝从安定人心的角度考虑,对道教尚能给予一定的支持。全真龙门派第七代律师王常月因此得以进行阐教活动,使龙门派实力增加,出现中兴气象。顺治十二年(1655),王常月从华山来到北京,被聘为白云观方丈。据《白云仙表·昆阳王真人传》载,顺治十三年,钦命王常月"主讲白云观,赐紫衣凡三次,登坛说戒,度弟子千余人,道风大振"。顺治为笼络汉族人心,封王常月为"国师",一时间王名声大振,大江南北道教各派纷纷来京相投,沉寂了多年的全真龙门派又渐渐红火起来。

康熙即位后,对王常月仍然予以支持,曾召见王常月,赐以匾额对联,并召见谢万成、王家营等道士,让他们在西苑炼丹。王常月也乘机南下江苏、浙江、湖北一带传教,道团组织得到进一步充实发展,武当山道士也大多皈依龙门派门下。

雍正皇帝也曾召白云观道士贾士芳进入宫中为自己看病。雍正曾提倡三教各有所长,缺一不可,对道教的功用给予肯定,优待天师后嗣及龙虎山道士娄近垣;乾隆时期,还专门拨款修葺白云观,两度亲至礼敬,并为丘处机书写楹联,称赞他:"万古长生不用餐霞求秘诀;一言止杀始知济世有奇功。"

但整个清朝统治时期,即使是为了笼络汉族而常在政治上利用道教,统治者对道教实行的也是越来越严格的限制政策。因为清代统治者对道教缺信仰乏了解,加之当时道教和民间秘密宗教、秘密会社的关系非常密切,官方对道教一直严加防范,尤其是对正一道。顺治帝要求正一道"不得惑乱愚民",康熙帝认为长生久视于世道无补,求方药是愚蠢的,只是例行对正一道首领进行封赐。民国《清代野史大观·康熙时直省寺庙僧民总数》载,康熙元年(1662)七月,礼部统计各直省共有道士仅21286人,而各直省"通共寺庙七万九千六百二十二处,僧道尼姑共一十四万一百九十三名"。由此可见,道教遭受清政府打压之严重。

从乾隆时起,清廷对道教活动的限制日趋严格,道教的地位不断下降,组织发展基本停滞,教理教义毫无创新。乾隆即位后,正式宣布藏传佛教为国教,并采取措施,对道教首领的地位一再贬降,对道教活动的限制不断强化,使道教的处境更加艰难。《清朝续文献通考·选举六》载,乾隆四年下令:"嗣后,真人差委法员往各省开坛传度,一概永行禁止。如有法员潜往各省考选道士,受箓传徒者,一经发觉,将法员治罪,该真人一并论处。"意在将正一道的组织发展限制在龙虎山,禁止到其他地方传道授箓。

嘉庆、道光年间,官方不仅将正一天师的地位由二品降到了五品,而且敕令正一真人停止朝觐,不准来京,从而关闭了统治者与道教之间政治往来的大门。至此,正一道首领与清统治者的关系基本断绝,再无任何特权可言。同年,对龙虎山道官的选拔与管理做出更加严厉的规定:龙虎山上清宫设提点一员,正六品;提举一员,从六品;副理二员、赞教四员,均七品;知事十八员,未入流。缺出由正一真人于本山道众内选补,出具考语,报部补放给札。"每届年终,造各法官及道众年貌籍贯清册，报该抚，咨部查核。如有私钤执照发给法官，及用空白札付向各省考选道士，并容士民投充挂名等事，该法官及投充之人，从重治罪。仍将正一真人职名咨送吏部议处。"

自南北朝以来，道教作为官方宗教的地位，从此不复存在。正一道与清代统治者的关系被隔绝，只能在民间发展。

三 瑶传道教

1 瑶传道教流派

瑶族主要分布在湘、黔、滇及两广地区。目前，学术界基于其语言系统将瑶族大致分为四大支系十六分支三十九小支，四大支系即盘瑶、布努瑶、茶山瑶及平地瑶。盘瑶是瑶族中的主干支系，包含了瑶族的大部分人口。

瑶族虽支系繁多且分布地域广泛，但却都自视为盘瓠之后。《后汉书·南蛮西南夷传》载："昔高辛氏有犬戎之寇，帝患其侵暴，而征伐不克，乃访募天下，有能得犬戎之将吴将军头者……盘瓠遂衔人头造阙下……帝顺其意，赐以名山广泽。其后滋蔓，号曰蛮夷。"嘉靖《广东通志初稿·瑶僮》亦云："瑶本盘瓠之种，产于湖广溪洞间，即古长沙、黔中、五溪之蛮是也。其后，生息繁衍，南接二广，右引巴蜀，绵亘数千里。"

瑶族各支系均信仰本民族传统宗教，"岁首祭盘瓠"，后受道教影响而形成瑶传道教，且信众人数众多。1951年，中央访问团在广西金秀瑶族村寨调查时发现，长毛瑶（即茶山瑶）信道教，道士、师公数量是很多的，一般名字中间夹一"道"字的都是道士，夹一"胜"

字的都是师公。据调查，当年的金秀四个茶山瑶族村寨计有师公45人、道公52人，共97人。而四村寨茶山瑶总人口只有816人，师公、道公就占总人口的11.89%，如以男女各占一半计算，则师公、道公占总男子人口的23.78%。当然，这个数目只针对曾经度过戒的人而言，其实真正懂得做法事的，每村也不过几人而已。

由于道教在瑶族中的影响很大，且又与瑶族传统宗教糅合，而形成具有瑶族特点的以道教为主的宗教信仰，故有学者认为，瑶族的宗教应当是道教在华南少数民族中的重要一支，可以称之为瑶传道教或师公教。

瑶族各支系因吸纳道教之不同道派，且因生活的自然环境与人文生态环境各异，故而衍生出不同的民族化道教流派，大体上分为师公教（武教）和道公教（文教）两派。

例如，茶山瑶信奉正一道，却分衍成文、武两派，文教法师称道公，主要从事超荐度亡仪式；武教法师称师公，主要从事跳神祈禳法事。文教与武教主持法事时，有时以文教为主，道公主持，师公助之，有时以武教为主，师公主持。但为去世的师公做送终道场时，则需要道公与师公联合进行。

茶山瑶主要信奉三清、四御、三元等道教神祇，文、武两派各有一套自己的经书。

2 瑶传道教流派分化成因

关于瑶传道教出现师公教与道公教（或称师派与道派，或称武教与文教）的分化问题，有学者认为唐宋以前，瑶族尚聚居于武陵、五溪之时，传入瑶族地区的是早期天师道。唐宋以后瑶族逐渐南迁，至元明时期，瑶族已遍及两广，这时道教正一派又先后传入瑶族地区。在客观上促成了瑶族道教不同流派的形成。

广西瑶族支系蓝靛瑶道教信仰中的道公、师公两派，均自认为属于道教，均供奉太上老君、张天师、三清和三元等道教神灵，但两派在教义上有明显差异。其原因在于早期道教传入瑶区时，瑶族自然崇拜势力尚强盛，故而道教与其自然崇拜相结合；而正一派道教传入瑶区的时间较晚，瑶族的自然崇拜已衰弱，故而道教与祖先崇拜相结合。即早期道教与瑶族自然崇拜相结合催生出瑶族师公教（武教）；正一派道教与瑶族祖先崇拜相结合而形成瑶族道公教（文教）。

云南瑶族蓝靛瑶支系的道教信仰中，师、道两派在信仰系统上有着一定差别，其中师派至今仍然遗存有早期天师道的许多特征；在道派中，明显带有元明以来形成的道教正一派的痕迹。

从瑶族道教所受到不同历史时期汉族道教流派影响的情况来看,可有充分的理由认为,师派和道派形成的时序早晚有别,其中道派的形成明显晚于师派。从信仰层面来看,今天瑶族道教的师派信仰与早期道教类似,其主神乃三元而非三清,明显继承了早期道教以三元(官)为中心的信仰系统。

另外,早期道教既信奉神和仙,也相信鬼的存在。在瑶族道教师派中,这些内容都存在。而且,师派神系中地府之鬼魂也像早期道教那样缺乏系统性和完整性,凌乱随意。组织形式上,早期天师道采取政教合一的设治组织方式,在五斗米道初期,已经建立了不同的教区中心或据点,亦即二十四治组织体系,后又增设四治,合为二十八治,以应二十八宿之数。传统瑶族社会的情况也与早期天师道类似,存在以道教为中心的政教合一现象,在传统的瑶族村落,该村的男性成员,都要举行具有授箓性质的度戒仪式,皈依道门。

瑶族师公与道公

有学者认为，当初天师道的传入，是适应了瑶族先民凝聚族类、共御外侮、以寻求本族群生存之道的内部需求。这种政教合一的组织形式传衍至今，是当初天师道传入瑶族社会以后，设治和全民信教等早期道教的形态特征长期延续下来的结果。

也有学者认为，云南蓝靛瑶和茶山瑶师公所承均源自道教梅山派，道公则渊源于正一道，过山瑶道教则源自闾梅派。他们认为：云南蓝靛瑶和茶山瑶师公所承袭的道教梅山派，渊源于早期道教，所以尊张天师为祖师，尊奉上元唐文保、中元葛文仙和下元周文达为最高神，并称之为"三元大道"，师公则自称"三元门下弟子"。

因其受早期道教的影响，故梅山派神灵体系中没有出现较晚的三清信仰。因此深受梅山派影响的云南蓝靛瑶及茶山瑶民间所信仰神灵，多为民间道教的神祇。此外，云南蓝靛瑶同时又信仰较晚时期传入当地而形成的完满派，完满派源于道教正一派，以三清为最高神。所以云南蓝靛瑶梅山派虽不崇奉三清，经书中并未见有三清，做法事时也不请三清到坛，但在度戒等特定的宗教场合中，却要请道公来为度戒的师派弟子护法，并在弟子跳五台成为师派弟子后，在弟子身上盖玉皇印，使该弟子同时得到三清等道派神灵的承认，以便弟子将来死后亡灵能得以顺利升入天界。

师派道法科仪有较多与原始巫教融合的痕迹，师公除了从事道教活动外，还兼有巫师的职责。凡替人驱鬼治病、占卜打卦、查看灾祸原因和事情的凶吉、替中邪者驱邪、替人驱除身上的恶鬼邪精等，全由师公一系担任，表现出较多与自然崇拜相结合的痕迹。

师派还有一些古代傩仪遗留，也是其道法科仪与原始巫教结合的一个典型例子。在师派的度戒仪式中，师公及其助手度戒弟子前往五台时，队伍前面的领路童子有时需要戴上画有三元头像的面具。

云南蓝靛瑶和茶山瑶道公以《完满科》为主要经典,且道法之主要目的在于寻求升天以达于完满,故称之为完满派。此派来源于汉族道教之正一派,道公自称"上清天师门下弟子"。

云南过山瑶道教经书,糅进了汉地道教各阶段多个道派的道法和教义,并经过了自己的改造。过山瑶经书中提到的唐宋时的道派名称有天心、龙虎山、茅山等,更多的是以闾、梅并称,并自称为"闾梅二教弟子"。过山瑶道法科仪的主体部分取自闾、梅二派,而又杂取其他众家道法科仪,将其糅为一个杂合体,从而形成自己独具特色的道教信仰,其道派可称为闾梅派。

3 道教化的神灵体系

蓝靛瑶

云南红河州瑶族以蓝靛瑶支系为主体。蓝靛瑶因穿着用蓝靛染的衣物而得名,以种植马蓝制靛为生,生活在我国的云南、广西及越南、老挝等国。据学者分析,当地瑶传道教神灵体系庞杂,其中属道教的神灵有146个,佛教神灵10个,儒家神灵4个,本民族祖先和杰出人物30个。道教神灵占四分之三以上。

广西蓝靛瑶支系山子瑶小支的师公经书,每篇唱述一位神灵的来历。所唱的神灵除三元外,还有神农、伏羲、盘王、社王、令公、城隍、土地、雷王、婆王(又称帝母)、冯三界、瘟主、鲁班、功曹、四帅等;山子瑶道公则奉玉清、上清、太清为最高神,又尊玉皇为执掌天界的大神。

过山瑶

徐祖祥《瑶族的宗教与社会——瑶族道教及其与云南瑶族关系研究》认为，云南过山瑶之瑶传道教属于间梅派，此道派奉祀的神灵体系较为复杂。据徐祖祥在云南金平县营盘乡苳苳坡村所见到的矮山红头瑶科仪本《请圣科文》（又称《三戒请圣科文》）统计，过山瑶间梅派道教神灵系谱中共有360余位神灵，几乎囊括了间梅派信仰的神灵体系全部。

粤北乳源过山瑶支系西边瑶小支亦信仰道教，就其"挂灯"仪式研究，奉请神灵共计54位，其中道教神灵近30位，佛教、道教诸神，瑶族本民族神灵，古代以动物为号的战神，杂居其间、序列错杂、难显尊卑高下的特征。

盘瑶

盘瑶，因信奉盘王而得名。又因从前盘瑶妇女所戴之帽用木板做成，故又称为板瑶。据广西贺州盘瑶师公与道公所传之诸神职功表统计，此地瑶传道教共计有66位神灵，分为31种神职称谓与类型。在贺州瑶族道教中，神鬼合一且界限不分明，祖先亡灵称神，祖先以外称鬼；太上老君以外的道家诸神也都称鬼，善人死去为神，恶人死去为鬼。既有自然崇拜、祖先崇拜和图腾崇拜，也信奉巫教、道教、佛教和儒教，但以道教和盘王崇拜所占分量最重，许多瑶族居民家中的神龛除了供奉祖先外，还都供有道教三清尊神以及阴阳祖师的神位。贺州瑶族道教中尊奉老君、玉帝为最高神祇，图腾崇拜中尊奉盘王为最高神祇。度戒时，既请盘王，也给受戒者颁发玉帝印和上元印等道教法印。

贺州瑶族亦由师公和道公主持宗教仪式，道公传袭道教正一派，用符箓禁咒替人修斋、作醮，所请神灵有三清、四御、二十八宿诸天神；师公为人喃神赶鬼，所奉之神除三元、玉帝外，还有雷王、帝母、伏羲、社王、土地、城隍、山魈等神仙鬼怪。

4　经书与科仪文书的道教化取向

茶山瑶师公与道公经书

据20世纪50年代初广西大瑶山田野调查资料，茶山瑶师公与道公为人祓除祈禳时，都各有一套经书，均有100种左右。茶山瑶师公持有的主要是"做洪门"的经书，多采用七言韵文格式，当地人称之为"神唱"，内容多半是叙述诸神来历的。茶山瑶道公持有的主要是"做功德""打冷斋"的经书，多数是超度亡魂所用的经书和忏咒，内容与汉族道士所用经书大致相同。据当地道公们说，师公、道公经书都是用汉文写成，且与山外汉族地区道士所用大致相同。

师公或道公在祭神时，有的用瑶语，有的用壮语，也有的用汉语（粤语）念诵经书。而盘瑶祭祀盘王的《盘王歌》，是用既不像瑶语也不像汉语的语音喃念的，据他们自己说是"湖广话"。念诵某些经书时，掺杂着瑶、壮、汉语来喃念。这些现象均反映出各族文化的相互交流融合。

山子瑶师公与道公经书

有学者曾在广西十万大山地区搜集到瑶族师公与道公经书80余种，其中有一套比较完整的山子瑶师公经书，共10余本，约20万字；另有山子瑶道公经书一套，共30余本，近100万字。这些山子瑶道公经书多是用散文写成的经咒、忏语，开头往往有"奉道正一""奉道唱拜"等语。

广西十万大山山子瑶师公经书主要是些喃神唱本。每本由若干篇组成，每篇唱述一个神鬼的来历身世、修道成仙的经过及其神职和法术本领。经书多用七字一句的韵文写成，中间有时也夹杂一些迎神、接神用语。这类经书是供师公做法事时念唱用的，并按用途分类，如还愿用的《鬼脚科》、度戒用的《开山科》、求子用的《红楼大会科》等。师公还另有一类经书，如《集书》《师公普》《喃鬼庙》等。这类经书记载神鬼名称、所在庙宇以及调鬼做法事的内容，是供师公习经做法事参考用的，每本均在万字以上，多者3万余字。

道公经书种类颇多，仅在十万大山南屏一地发现的就有50多本，涵盖近40种法事科仪，30余万字。道公经书可分为三类：第一类专门讲论道教经义，供道士研习道教教义；第二类汇集各种章奏、疏式及表文，记载法事程式，供道公做法事时参考；第三类是临场做法事诵读的经文和咒语。

排瑶道教经书

广东八排瑶自称藻敏，简称排瑶。此乃清代对今广东连南、连山两县部分瑶族居民的简称，因其村寨即南岗、火烧坪、大掌岭、曲岭、横坑、军寮、马箭、里八岗八个大排被称为排村，居住于其间的瑶族居民因此被称为八排瑶。排瑶中，主持道教化宗教仪式者被称为先生公。

据学者统计，先生公在宗教仪式中所念诵的经书可分为24类，去除重复的，共72本。但在使用这些经书时，则会按照法事功能与信仰诉求进行排列组合，划分为歌堂经30本、打斋安葬经30本、灭火经3本、医生救病经7本、收金经2本、安葬迁葬经4本、求雨经2本、架桥经6本、杀虫经5本、买牛经3本、迎亲出嫁经5本、建屋经9本、解古人钱经2本、关风门经2本、催生经5本、接生求子经3本、风水拜山经3本、打道录经10本、打阎罗经5本、送白虎经4本、盖大庙经2本、破六甲经3本、安龙经6本等。所有经书均为汉字手抄本，舛误颇多，并出现不少生造字。

就经书探究其神灵体系，排瑶道教既有玉皇大帝、元始天尊、道德天尊、灵宝天尊、太上老君、北极紫微大帝、二十八宿、各方星君等道教神灵，又有五方土地、四海龙王、阎罗判官，还有盘古王、湖南教主伯公以及排瑶各姓的祖先公等。从经书的内容以及排瑶巫师先生公所使用的法器如道鞭、神像挂图和符箓来看，排瑶经书与道教关系极为密切。

就目前所见72本经书中，绝大部分经书的大多数神祇都与道教有关。其内容多降神驱鬼、祈福禳灾之词，具备道教符箓派的特征。经书除奉三清为至尊外，多处提到信州龙虎山。而且在某些经书中，龙虎山地位颇为显要。

此外，有学者曾搜集整理清代至民国时期的八排瑶经书，共计42类360篇。另外又搜集整理出粤北乳源瑶族经书42种，内容涉及度身（挂灯）、拜王、治病、婚嫁、丧葬、祈年、祈福、拜庙、扫墓、狩猎等仪式。

云南蓝靛瑶道教经书

红河州蓝靛瑶道教分师公和道公两派，二者虽各有其经书，但在仪式中却视情况兼而用之，并无严格区分。当地蓝靛瑶师公与道公经书共计55种，包括3种祭盘王类经书、16种度戒类经书、17种超荐度亡类经书、6种秘咒类经书、2种祈禳类经书、3种道教律义类经书及8种坛场通用之应用文书。

云南蓝靛瑶道教经书中，道派经籍约占70%，而且种类繁杂，名目各异；相关学者田野调查资料显示，师派的经书主要以一本《救患科》为主，但在具体流传过程中，常常将该书按大的仪礼程序分册抄写装订，书名也就沿用该程序名。

若将师派与道派的经书加以比较，师派经书行文带有明显的瑶族民间歌书文体特征，其祭词也与传统宗教祭词和其他民间口诵经极其相似。道派经书则一般都比较讲究汉文特有的修辞章法，歌腔部分（如各种《步虚》）多采用五言句体，咒文则多采用四言句体，在内容上也比较深奥难懂。在不同的道派经书中，有一部分显然是直接采用汉族道教经籍。除了在前列经籍名称里可直接找到汉族道经名称之外，还有些经书是根据仪式的需要，在同一本经书中辑录了不同经书的内容。另外一些经书，像《天师戒度科》《召灵科》等，则因为受到瑶族道公的加工综合，从经书本身的文字里，已经几乎看不出经文来自何种汉族道经了。

根据不同瑶族汉文经籍内容分析可知：以汉文经籍为中心的整个瑶族文字文化系统的形成，是以道教经书的传入使用为先导和形成基础的，然后随着汉文学校和儒家学说的盛行，逐渐引入了儒学文化内容，同时，随着汉文的普及，民歌与民间传说故事、神话等也慢慢被记载成书，并被瑶族道教人士引入道教经书，遂使道教与瑶族民间宗教合流。在长期融合外来汉文化的过程中，瑶族中的汉文经籍形成了已化、未化和处于化与未化之间过渡的三种不同类型。

盘瑶道教经书

盘瑶的经书统称为《盘王大歌书》。有学者曾搜集到清代湖南盘瑶经书100篇，归纳为还盘王愿经52篇、传度经5篇、安龙奠土经4篇、道场经39篇。

贺州盘瑶道公经书，即道公为亡故者打斋、超度亡灵的经书，多是经文忏语；师公经书，即师公跳鬼请神和还愿时所使用的经书，多是些七言韵文，每篇唱述一个神的来历，故又称神唱。盘瑶师公经书主要由《盘王大歌》和《盘王书》组成。

广西桂平市紫荆乡现存一套瑶族经书，分为盘王书、师歌书、合盘书、清醮书、五斧书等35册，约35万字。这套经书中的内容除了用汉文表达之外，还用图画、符号等形式表达。

5 瑶传道教的坛班组织

法器与法服

首先说说法器。法印,是瑶族师公和道公举行仪式时必需的法器。在度戒仪式中,则需要以此法印钤盖度牒文书《阴阳牒》。作为瑶族师公法器的法印,被视为老君颁发给师公的法器,具有降魔驱邪的法力。

占卜法器,又称之为筊,亦称法筊或珓。将一弯曲的竹节破为两块,两面呈凸凹状,凹面为阳,凸面为阴,即为筊。云南瑶传道教法师以筊为占卜吉凶的法器。

简,亦称笏、牙简。此为瑶传道教法师制作的坛场仪式必用法器。

法刀,云南瑶族法师多使用木制师刀和铁制砍刀,木制师刀长约60厘米,有刻纹和装饰图案;铁制砍刀长约30厘米,为瑶族日常砍柴及开山辟地时使用的随身短刀。据田野调查资料显示,师派与道派均将其用于法事中,尤其在度戒仪式的"镇帅"仪节和步罡踏斗时,砍刀必不可少。

瑶族师公与道公服饰（背部）

神叉，贺州瑶族师公在法事中使用的一种叉鬼工具。铁质，可在跳驱鬼舞时作为师公的舞蹈道具；也可放置于神堂之上或神坛之外。

上元棍，尖头瑶、包帕瑶及土瑶地区师公的专用器具，是神灵的坐骑马匹的象征，是迎接吉神的交通工具。

神杖，长2尺余，有龙纹，下端尖锐，上端作圆球状。

神头，用纸制作而成，前画神像，戴于执仪者的头上。

牛角号，用牛角制作而成。坛场仪式中，瑶族法事吹奏牛角号以吹开天门地户，招使天兵降临法坛。有一首神唱是关于牛角号的："一声鸣角去云云，打开天门及地门，打开天门天兵降，打开地府地兵行。口吹羊角真宝角，声声吹到老君门，老君即时差兵到，兵头付上小师童。"

此外，道公与师公在法事中，通常还会悬挂三清、三元、玉皇等神仙画像。部分师公则会戴上面具，表演傩戏傩舞以娱神娱人。

再看看道服的情况。云南瑶族道公教派主持法事时，为首的道公要穿黑色绣像法衣，其地位有如高功（道功最高的道士称高功），其余道公袍服则无一定之规，瑶族道公法服表现出较为自然随意的特点。除道士所穿的法衣和道服外，在度戒活动中也要为戒童制作道服，一般同于师派道袍，若戒童仅度道戒，某些地方也制作戒童专用的道用法衣。

在部分瑶族地区，师公所穿袍服的后背上，要缝一个黑底方框，中间绣有瑶族图腾神犬盘瓠形象和各式彩色花纹。

粤北瑶族道教法师做法事时，着瑶人常服，赤足或穿木屐，围青布裙，裙下缘以红绿线绣花。其帽用青布制成，帽顶缀合处如屋脊，高寸许。

坛班传承

广西十万大山瑶族道公选择标准：首先，要聪明好学；其次，要测八字，只有八字适合者才能学做道公。拜师学艺时，要做斋三天三夜或一天一夜，杀猪宴请全村村民及亲戚朋友。做斋时，用四条木棍拼成四方形，再将一四方桌置于木棍拼成的四方形上；进而，四名戚友四面围桌而坐。此时，拟收徒的道公于四方桌之正面念咒；学道者即试图往桌上坐，欲坐却不稳，必从后面倒下来。至此，拜师学艺的斋仪结束。斋仪后，学道者不能再吃狗肉，否则会有不病而亡之虞。从此以后，学道者即跟随其投师之道公去打斋学艺。最少也要经过两三年的学习与实践，才能学会坛场法事。

粤北乳源瑶族要取得师公资格，首先必须度身。所谓度身，就是度了身上的一切仇怨，还了一切鬼怪的愿，度身亦是提高社会地位的手段。师公有大小的等级，分大师公和未成熟的徒众——小师公。大

广西贺州市平桂区大平瑶族乡龙槽村瑶族度戒仪式坛场设置

广西贺州市平桂区大平瑶族乡龙槽村瑶族度戒仪式

广西贺州市平桂区大平瑶族乡龙槽村瑶族度戒仪式坛场内景

师公可持有太上老君的宝印,小师公则没有此宝印。每当大师公为人举行度身法事或拜王法事时,充当其助手者往往有12~20人。

另有一些瑶族支系,拟做道公者,首先要经过挂三胎灯、七星灯和大罗灯等宗教仪式的洗礼,接受瑶传道教教规、教义和戒律之后,才有资格担任法师,主持各种宗教仪式活动。

广东连南内田坑瑶族主持宗教仪式者,分为先生公和问仙公两种。拟学做先生公的青少年,首先要学习文化知识,略通汉文后,再拜先生公为师。经三四年学有所成时,择期备酒肉各一斤,装有一定现金的红包一个,鲜鲤鱼一尾和鸡一只送给师父。再备纸钱香烛等祭品,由师父领去山上偏僻处,徒弟跪下来,师父念经请神,祭告天地,仪式毕,师徒二人就地分享祭品。之后,徒弟随师父参与各类法事活动,待谙熟诸仪式之后，连续三次送鬼，若病人转危为安，都很灵验，即可单独主持法事。新做先生公时，如遇疑难问题，可再请其师父指点。

一些瑶族支系的法师以家传为主，学做道公或师公时以实践为主，兼习家传道经。

云南蓝靛瑶和过山瑶法师传承，大致有父子相传和师徒相传两种。要最终成为大家公认的师公或道公，最基本的条件是必须是道教弟子，即必须是已成功度戒者或举行过相应级别的挂灯仪式者，也就是要成为道教的门徒并习得一定的道法。其中过山瑶因有师公和大师公之分，情况又稍复杂。凡已挂三台灯和七星灯者都具有做师公的资格，但要做大师公，则必须挂过大罗十二盏灯和成为度师。

法师的社会地位

广西十万大山瑶族师公与道公为他人做法事后能得到报酬，但报酬数额不定。师公、道公不仅在生前受人尊敬，死后也有地位，瑶族民众认为师公、道公死后可以登天堂，在另外一个世界里充当大小不同的官职，身边还有神兵保护。

瑶传道教很少有脱离生产的专业宗教职业者，绝大多数的师公、道公都是村寨中的普通农民和手工艺匠人。瑶经本身对从事宗教活动的师公采取了十分幽默的态度，往往先说师公的不好，为人浪荡，接着又为师公辩解，承认师公的地位。《开坛书》称：

师男师父打开三十六条香花富贵路，条条通到好人家，不图花香做富贵，且图名字久流传。不图手巾做被盖，不图米碗不耕田，学得祖师一个诀，强如买得一庄田。上村救男男兴旺,下村救女女平安,保得人丁兴旺了,富贵荣华千万年。

在瑶经中,对师公身份进行了淋漓尽致的议论,肯定了其价值。很多村寨中的知名师公与道公往往也是当地的能人,他们在过去还经常兼任村寨首领,在当地既是宗教的又是现实的领袖。

6 瑶族度戒仪式的道教化特征

魏晋时期，瑶族先民接受早期正一道后，吸纳其授箓仪礼并将之衍化为具有瑶族特色的度戒仪式，而早期正一道的教义思想则成为瑶族度戒仪式的理论依据。

瑶传道教度戒仪式又称度法、度身、度师，取法于早期正一道派的入道仪式传统。清代以来瑶区的地方志多次记载瑶族青年受箓之事，道光《连山绥瑶厅志·风俗》载："瑶道自为教，亦有科仪，其义不可晓。学优者则延诸道为受箓，受箓者服朱衣。"瑶族儿童聪颖者，其父母多让其跟随师公或道公学习瑶传道教科仪。民国《连山县志·瑶俗》载："儿之聪颖者，不与读儒书，惟从瑶道士学。亦有科仪，其文不可晓，学优者则延诸道为受箓。受箓者得衣朱衣，髻缠朱布，称为一郎、二郎、三郎，其妻亦以红布为髻笠。"

瑶族民众认为，只有经过度戒的人才具有真正意义上的成人地位，证明自己是瑶族子民，也才能获得进一步学习瑶传道教经书与法术，获得师公或道公的任职资格，之后才能主持驱鬼治病、斋醮祈福等仪式。

瑶族度戒要授予师男法名，有法名才能载入家先单，享受子孙的祭祀供奉。因此，瑶族青年经历度戒，就意味着获得了道位，成为道教的长生种民（道教的所谓种民，就是皈依大道的人）。

度戒仪式中，法师要授给师男神兵，并将其数量书写在法箓中，从此成为度戒者家庭的保护神。瑶族民众认为，完成度戒者即有神兵保护，不怕邪魔侵袭；而不经度戒者乃白身人，没有神兵保护。此种宗教思想，同样渊源于正一派道教。

云南瑶族各支系的度戒仪式多分为几个层次，逐次进行。瑶族文化研究专家黄贵权发文指出，过山瑶将度戒仪式分为挂灯和度师两种类型，而挂灯又分为挂三灯、挂七灯两个层次；蓝靛瑶将度戒分为日午安龙、青灯土府、贡筵红楼、金偻明真几种情形。度戒仪式之不同级别，意味着受戒者将受到不同级别与不同数量神灵的保护。

瑶族度戒仪式分层进行的模式，取法于道教正一派初入道者需要授法箓的制度。正一道吸收教外儿童入教时，封之为男生、女生、箓生弟子。十六岁以后才授受戒法与箓法，被称作正一弟子或盟威弟子；正式出家以后，才可以被称作正一道士。

度戒斋仪

道教的传度仪式要择吉日，《上清骨髓灵文鬼律》："诸传度正法，听以甲子庚申、三元八节、五腊本命日，奏名跪受。"《太上正一阅箓仪》解释说，甲子、庚申、本命、三元、五会、五腊、八节、晦朔等日，乃天气告生、万善惟新、天神尽下、地神尽出、水神悉到之日，即是方便众神降临坛场的良辰佳日。瑶族度戒也要择定吉日举行，显然受道教传度要择吉日的影响。例如，广西金秀六巷乡盘瑶举行度戒仪式前，亦首先要请大师父（洗醮师）卜卦，为师男择吉日良辰。此亦取法于道教。

道教在举行斋醮仪式前，法师、施主必行斋戒以清洁身心。早期正一道在三会日举行的厨会，就有修斋的规定。南北朝道经《老君音诵戒经》说："厨会之上斋七日，中斋三日，下斋先宿一日。斋法：素饭菜一日，食米三升；断房室；五辛、生菜、诸肉尽断，勤修善行。不出。"《太上正一阅箓仪》中规定，受正一法箓者，必须"清斋入靖"，"靖"是早期正一道修斋的靖室。

瑶族师男度戒前的"净身"，是道教斋戒方法的传承。

云南瑶族举行度戒前要择定吉日，请道公五人前来设香案，以猪、鸡及酒为供品，受戒者要先到主持度戒的师父家住三至五天，由师父监督做到"六个不准"，即不准吃饱饭、不准吃油荤、不准昂头走路、不准看日月星辰、不准与姑娘说话、不准吸烟喝酒，此即"修斋"；十万大山山子瑶度戒，受戒者及其家人在度戒期间，必须与师父一起封斋吃素，并不得行房事，不许与妇女说笑，不许出门望天；另一些瑶族支系凡参加度戒的师男、师嫂与法师，都要集体斋戒：禁食动物肉、动物油等荤腥，只能食素菜、豆腐、植物油；禁谈情说爱、禁夫妇同房、禁男女互相说话；神坛内禁说汉语；要用白布盖酒缸。

广东清远瑶族师男受戒之后即成为师公或道公的徒弟，但还得禁闭在师公家里"进阴间""修炼"，七天内不吃荤腥，不近女色，出门小便也得戴帽。白天睡觉，晚上则由师公、道公暗中传授宗教经文和法术。此后，他便可跟着师公为他人做法事了。

度戒坛场设置

云南富宁瑶族度戒仪式中，法坛设于堂屋。据杨民康、杨晓勋《云南瑶族道教科仪音乐》载，法坛正面按"师左道右"的规矩，排列悬挂师派和道派奉祀的神像，依次为帝母、下元、上元、中元、右圣、太清、玉清、上清、左师等。左边壁上挂邓帅，右边壁上挂马帅、关帅，后方壁上则挂赵帅和四府功曹诸神像，还有写着东、西、南、北四天门的贴纸。

云南瑶族道公和师公均有不少道教神灵画像，如富宁蓝靛瑶道公和师公的神像，有上清、玉清、太清、上元、中元、下元、赵帅、邓帅、马帅、关帅、李天师、张天师、功曹、西皇公、西皇母、青龙、黄龙等，在做度戒等活动时都要挂出；师宗蓝靛瑶度戒时，师公要挂上元、中元、下元、赵帅、邓帅、马帅、关帅、功曹的画像，道公要挂上清、玉清、太清、左龙、右龙、功曹、四帅、九幽天尊、左师、众圣、朱陵天尊的画像；金平红头瑶举行挂灯仪式时，要悬挂太上老君、三清、灵宝、张天师、李天师、左玉皇、右大帝、巡司大将、十殿冥王、海幡、四帅、功曹、家先等神像。瑶族重视神画像，正与早期道教重视诸神画像之遗风相吻合。

授牒仪式

瑶传道教度戒仪式中，要制作阴阳二牒以示度戒者的入道身份。阴阳二牒的书写格式亦是模仿了道教法箓。

瑶族度戒仪式的宣示戒律，是道教传度科仪必不可少的项目。传度的戒律又被称为戒箓，是受戒者要遵守的宗教道德的条文。道士受度的法箓，被视为通灵的信物，受箓道士必须终身佩带，才能随时得到神灵的佑护。瑶族师男应遵守的十条戒律，书写在佩带的阳牒中，并由师公盖上法印。瑶族度戒仪式中，受戒人需要从师父处接受阳牒和阴牒，阳牒上书写有各种戒律。例如，广西凌云蓝靛瑶受戒的仪式中，受戒者必须对刀枪发誓，牢记师父授予的十戒：

一、不得吃狗肉；二、不得随意乱杀生灵；三、不得忘恩父母；四、不得咒天怨地；五、不得欺贫骗富；六、不得打骂亲戚；七、不得欺朋骂友；八、不得盗窃；九、不得贪花好色；十、不得盛气凌人。

发誓后，受戒者必须遵循清规戒律，按十戒处世为人。如有违犯，均视为受戒不精，必会受到世人唾骂；遵守十戒者，则会受到全社会的尊敬和信仰。

云南绿春瑶族度师戒者，需要对天盟誓：不杀人放火、不偷、不骗、不抢、不奸淫妇女、不虐待老人、不欺凌幼弱等。受戒者的誓言连同法名写在黄表纸上，由受戒人加盖手印妥为保存。

上述仪节当取法于道教对入道者传授戒律时的做法。道教对奉道的在俗弟子传授三归戒、无上十诫等，对出家的道士则传授初真戒（洞玄智慧十戒）或太上十戒（洞玄十善诫）等。瑶族阳牒上的十戒内容与道教的初真戒基本相同，故其受戒之做法很可能也是袭中原道教而来。

法名与授职仪式

瑶族度戒的仪式，完全按照道教收授门徒的皈依方式，也完全遵循道教的基本戒律。师男取得法名后，其妻也取得了"氏"的法称，如李氏、盘氏、赵氏等。如果是度了三戒以上的师男，达到"法"字辈后，其妻还会取得"仙"字法辈，如赵仙娘、盘仙姑等。

广西山子瑶是保留本族群传统文化较多的支系，其戒道与戒师的区别，除法事科仪不同外，师、道两派的法名各成体系。道公授予的法名取"经、寅、道、妙、玄"五字，按辈分轮换，此为道派法名。师公授予的法名取"胜、显、应、法、院"五字，亦按辈分轮换，此为师派法名。两派法名都取之于道教教义。道教各门派传承系谱，也是从道经中选取法名。

道教授箓仪式需要传授法印，法印被广泛地运用于道教的各种奏章文牒中，代表天上神灵或机构的权威。道教法印种类很多，各道派坛庙都有法印，各种科仪使用的法印也有所不同。瑶传道教亦取法于此，在度戒仪式中安排有传授法印的仪节。瑶族师公崇祀三元，道公崇祀玉皇，因此师、道两派传授的法印名称不同，道公传授给弟子的是玉皇印，师公传授给弟子的是上元印。

四 壮化道教

1 壮化道教源流

壮化道教有师派、道派两支系，民间亦分别称之为师公教、道公教。道公教、师公教又分别被称为文教、武教。

就壮化道教与道教之渊源问题，有学者认为壮化道教应当是承袭了道教支派太一道和正一派，并融合壮族传统宗教而形成。但壮化道教对太一道的原始教义继承得并不多，唯推崇其法箓之术和"专以笃人伦，翊世教"的信仰诉求，因而形成了注重法箓之术、重人伦讲孝道的壮化道教之师公教派的特色。

亦有研究者认为，道教茅山派和深受道教影响的梅山教传入广西壮族聚居区以后，与壮族传统宗教结合起来，形成了茅山派道公教和梅山派师公教。茅山派道公教经书系汉字写成，梅山派师公教经文一般用古壮文写成。就法事风格看，梅山派师公称为武师，在进行法事时，以表演武功为主，茅山派道公称文师，在进行法事时，以唱经为主。

近年来，壮学研究者提出了"麽教"的表述，以此指称壮族以布麽为神职人员，以司麽为主要经典，以古麽为主要宗教活动的壮族传统宗教。他们认为麽教是壮族传统宗教受到以佛教、道教为主的汉族

壮化道教之斋会

宗教文化的刺激,并吸收其相关仪轨与信仰而形成的。

目前,学术界多认为壮族道公教即是壮化道教的代表,但对于壮族师公教的性质界定,则出现分歧。一种观点认为师公教是在壮族原始巫术的基础上发展起来的宗教,当称之为巫教,另一种观点则认为师公教就是壮族化了的道教教派,还有人则主张壮族师公教是融巫、傩、道、释、儒于一体的宗教形态,而不能简单判定为深受道教影响的宗教。

据壮族民间师公的说法:壮族地区先有师,后有道。师公主武,道公主文;二者是一根藤上的两个瓜,是兄弟关系。

壮族的茅山道系即道公教全盘接受汉族茅山道的内容,所用经典从汉文本转抄而来。主要经典有《上清经》《灵宝经》及《三皇经》等。道公教奉三清为尊神,三清即元始天尊天宝君、灵宝天尊太上道君、道德天尊太上老君,又奉三茅真君为教主。

斋会仪式中的壮族师公

此外,道公教开道场时所挂的神像,还有孔子、关羽、诸葛亮、秦始皇及汉武帝等知名历史人物和英雄人物,又有如来、观音等佛教人物,以及布洛陀、米洛甲、布伯、莫一大王等壮族传统宗教奉祀的神灵。

壮族师公教信奉的神灵更是十分庞杂,包括天神、地神及人神三类。壮族师公教的神灵主要来源于道教系统和佛教系统的神灵,前者如张天师,玄天镇武,赵、邓、马、康四帅,四值功曹,三清等,后者如释迦佛、牟尼文佛、罗汉、观音等。这两类神灵虽然分别是从道教和佛教吸收而来,但并不是完全照搬,而是经过了一番改造与重构。师公教神祇民族成分复杂,既有壮族神,也有汉族、瑶族神,反映了壮族与各民族历史上的密切关系。

有学者认为,壮族师公教神灵体系即所谓"三十六神七十二相",当从道教三十六天罡星、七十二地煞星演变而来。道教的三十六天罡

四 壮化道教 | 89

壮化道教神像画

与七十二地煞合为一百〇八神,俱为驱鬼之神,天罡与地煞仅是档次上的差别。师公教神灵"三十六神七十二相"中的道教神灵,最高神是三清和三元。三元应该是唐、葛、周三神,但与三光(日、月、星)一样,常以一个神来体现。

此外有赵、邓、马、康四帅和四值功曹。

科仪文书

道教科仪文书对壮化道教影响深刻,壮化道教斋醮科仪取法于道教,形成了包括表文、牒文、词文、榜文及祝文在内的科仪文书体系。

表文原是臣下给帝王文书的一种。在壮化道教科仪中大抵有引路表文、诵经表文、请水表文、祭社表文、破狱表文、敬灶表文、超度过火海上刀山表文、荐亡表文、除灵表文、还愿表文及安龙醮宅表文等10多种。

牒文。道教称关牒,关即关卡,牒即文书,所谓关牒即通关文书。

关牒发送的对象大都是城隍、土地、地狱、功曹等。壮化道教的牒文取法于道教关牒格式，亦由开头、正文和结尾三部分组成，有《功曹牒文》《判官牒文》《隔殇牒文》等。

榜文。壮化道教举行斋醮科仪时，贴在坛场上的告示文书，亦是援用道教科仪文书的一种文体。榜文有不同的功能，大体分为：告谕信众道场法事程序、检束道场法纪的，如《法事节次榜文》《告谕斋官榜文》和《知职榜文》等；告谕阴阳两界法事缘由的，如《阴阳晓谕榜文》《炼度榜文》《三昼连宵榜文》等；有告谕神鬼的，如《功曹榜文》《监门榜文》《经垣门榜》《监厨榜文》等；有晓谕孤魂守法受度的，如《孤魂榜文》。榜文多用黄纸誊抄，要害处点以朱笔，以示警要。落款处打上大红钩，铃盖法师法印以示威严。榜文亦由开

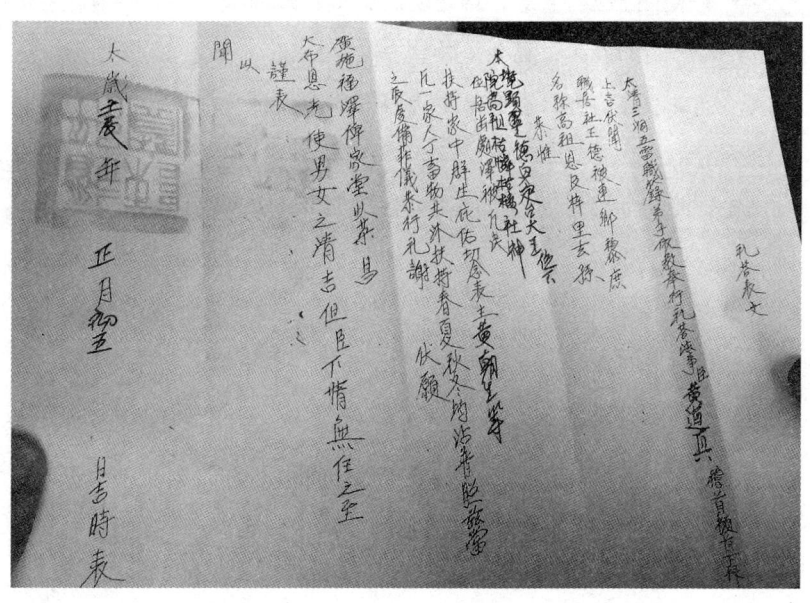

壮化道教表文

头、正文、结尾三部分组成，形式与前表牒文等大同小异，只是事由交代更为具体，祈祷神祇目的更加明确，以达到晓谕之功效。

祝文。用以沟通人神，感召神灵。壮化道教斋醮科仪文中的祝文不多，《安龙谢土祝文》是壮化道教在做平安之类的法事时，用以祝颂龙王和土地、城隍的。

经书

壮族道公经书和师公经书，其内容主要是叙说鬼神、灵魂之事。然其在说唱鬼神、灵魂时，亦广泛涉及天地生成、万物生息、社会变迁、生产生活、人事道理及伦理道德等方面的内容。

道公的经书有《太平经》《上清经》《灵宝经》《三皇经》《阴符经》《太上感应篇》等，均是从汉文本转抄而来的民间抄本，与正宗道经有一定的差距，夹杂了一些古壮字的民间歌谣，如孝悌歌、道德歌、恩义歌等内容，也有不少佛教的内容。道公在拜忏诵经时，壮汉语杂用，壮歌汉调纷呈。

壮族民间师公教的唱本和科书，均为世代相传的民间手抄本。据目前调查有120多部，都是混用古壮字和汉字手抄而成。壮族师公根据唱本和科书所唱述的对象和使用的场合，将其分为师唱本、圣唱本、杂唱本和科书四大类。

师唱本唱述的对象是师公所供奉的36位祖师和衙师，其内容主要是唱述他们的身世、功绩以及在祭祀中的非凡神力，如《唱三元》《唱四帅》《唱甘王》《唱莫一大王》《唱白马三娘》《唱布伯》等。师唱本一般在白天或前半夜演唱，演唱时通常是歌、舞、乐交替进行，歌者围坐在师坛两旁诵唱，同时为舞者击鼓敲锣伴奏；舞者则身着师服，头戴与唱述对象相合的面具，在坛场中行罡步舞；歌者不舞，舞者不唱；每舞一个方向诵唱一段，舞完东、西、南、北、中五方，歌者也唱完了一部师唱本。

圣唱本。唱述对象是师公所崇敬的72位贤圣，其内容则是唱述贤圣们的身世和功德，如《唱盘古》《唱唐宣》《唱东灵》《唱黄祥》《唱闵子骞》《唱二十四孝》《唱罕王》等。

杂唱本。其对象则是一些具有训诫意义的神话传说人物，如《唱送师人》《唱破狱》《唱表文》《唱森如王》等。

科书。其内容比较庞杂，根据其适用的仪式场合，分为超度亡灵常用科书，打解结、禳关、打十保福、架桥、谢坟与安龙谢土、送星宿、打扫屋、送菩萨常用科书，应七、还愿、回喜神常用科书等。此外，还包括其他科书杂经，如《请师科》《灶王经》《牛王经》《五谷经》《回送天府遣瘟科》等。

符咒

符咒是道教用来沟通人神、驱役鬼神、除邪镇魔、消灾禳祸、保佑平安以显示神灵之威严的重要手段。壮化道教在斋醮科仪中也大量借用道教符咒，但更多的是注入了壮族神秘文化的表达方式。符是道公与神灵沟通的凭据，咒亦称真言，据说是神的言辞。符咒是壮族道公秘而不宣的秘诀，除了皈依弟子，概不外传。

据梁庭望《壮族原生型民间宗教调查研究》载，壮化道教之符大体分为四类。贴用符，多事先缮写，再由道公于法坛仪式中赋予其神秘使命后方能使用。此类符多用毛笔书写在长方形纸条上，且常常写着"奉三清驱煞除鬼镇邪"之类的文字。烧化用符，通过钤印后烧化在特定位置以召请神祇前来护佑坛场与事主。化符召神请将时，需要诵经奏乐，态度虔诚，否则不灵验。佩戴用符，佩符可以禳不祥，远邪祟、避恶魔。多为驱邪治病用。凭空画符，多用三炷燃香凌空画符，道公需要默念咒语，诚心诚意，认真书写。

  咒，即咒语，通常配合符使用，分为符前念咒、符后念咒、符咒并行三种。念咒亦有"三宜""四忌"之律，"三宜"即宜正心、宜垂睫、宜一气贯注。"四忌"为避忌秽浊、避忌喧扰、避忌妇女、避忌血光。念咒前得"变神"，即道公变成上清等道教神灵的代言人，瞑目屏息，垂手而立，向四方各吸气三口，足作八字形，然后迅疾高诵，无论咒语之长短，须一气诵读完成。念咒时不能摇摆身体，若转身诵咒，则要作剑步（剑步足向乍进乍退，拜奏表章时多用此步法）或禹步（即魁罡步，两足纵横前后作丁字形，不能相过，礼斗召将时多用此步法）。

2　壮化道教的坛班组织

与师公教相比，壮族道公教的道教化色彩更为浓厚。拟做道公者，首先是被认定命中注定、必须参加道公组织的壮族男子。壮族男子若遇灾病，即请人为其算命，若被认为命带魁罡华盖运，则必须做道公，方能一生平安。

亦有道公根据需要，选择心地善良、为人正直厚道、行为端正、具有一定文化基础且已成家立业的青壮年男子，作为培养对象。

学做道公者，最初四个月不能到田里做工；出门时，不论天气如何，都要戴上雨帽；不能行房事和走过栏房底（壮族干栏房下层，用于养牲畜和存放农具）。否则，会引起祖师责怪甚至致死。学做道公期间，忌杀生，忌食狗肉和牛肉。待谙熟道公经书，晓悉法事之后，即邀集亲戚办酒席聚餐，然后脱帽解禁。之后，就能奉祀道公祖师神位，独立主持法事活动；另有一些壮族支系要求道公学徒在学道期间不吃五味（即狗肉、羊肉、猫肉、马肉及斑鸠肉）、不杀生、不吸毒、不赌、不嫖。

此外，道公的平常举止与行为都有特定规矩，意在借此以修阴功。

如被人请去做法事时，不能推脱，见死必救；如有人患重病，被请去作法的道公要在病患家中守护数日，不断为其拜神祈祷，否则，就会有损道公的阴功。道公终生还忌杀生，每年正月初一不能吃喝，做道场时要吃素，否则符法不灵。

道公是地方上受人尊敬的人，每当道公去世，即成为本地的大事，要为其做三天大醮。其生前的徒弟均需要及时赶去参与打醮，祭祀师父。亲友近邻及曾受到亡故道公恩惠者，都要带礼物前去吊祭，祈祷道公的魂魄升天。

壮族道公乃乡村社会宗教仪式主持者，属半职业性质，但平时亦参加生产劳动。一般来说，小型法事如扫舍、杂解之类的是个人单独主持；规模较大的法事如超度亡灵、迁宅、迁墓及斋谢社庙之类，由道首召集道友组建执仪坛班，少则五人，多则十人，协同完成法事活动。其从业者多以师徒授受的方式进行坛班的代际传承。

坛班组织

通常，道公坛班（俗称"坛"）组织相对稳定。坛班的首领法师即道首，俗称"掌鬼头道公"，壮语称"道葛"；一般道公称为"布道""公道"或"艾道"，通称法师。坛班内部分工十分明确，主持小型道场，需要5～6人共同完成，大斋道场则需要6～12人。法师负责统筹安排道场法事，并亲自主持所有法事的主要仪式，包括法坛的布置、请师、请经、请社王、请亡灵、请水诵经及唱忏等。从整个法事的程序看，充任道首的法师十分重要，对其要求也是最高的。道首既要精通法事，还要具备干练的办事能力，除了能按部就班指挥法事的正常进行外，还要灵活处理不同道场的特殊情况。此外，还要

丧仪中的壮化道教法师

具备娴熟的外交能力，善于交涉，处理各种人际关系。只有这样才能提高班子的知名度，扩大业务范围。充任道首的道公平时还负责坛班成员的业务培训或吸收新道徒，协调坛班内的各种关系。

道书，即道公坛班的文书，负责各种法事文书的缮写工作。在法事过程中，道书也协助首领法师处理一些事务，参与诵经唱忏并司锣。道书可以称为道公坛班的二师父，除了必须精通业务外，还需要具备一定文化水平，能理解和讲解经文，草拟一些法事通用文书和联语等。一般情况下，主持小道场仪式时，需要道书一人，大斋道场则需要两三名道书。

引魂童子，需要两名，通常轮流负责在法坛前手持铜铃，引领孝男跪拜请师、敬祖、禁坛、封刀，在法师的指点下具体执行各项法事。充任引魂童子者得口齿伶俐，腿脚灵便，反应灵敏，还要能歌善舞。一般情况下，充任引魂童子者就是掌坛法师充分信任的培养对象，是道公坛班的接班人。

司锣，需要二三人，大斋道场则需要四五人。司锣的职责主要是打击道乐并诵唱经文。充任司锣者一般要求有一定的文化，能识字诵经，精通道乐，懂得在什么场合打击什么样的道乐。

法器

壮化道教器具包括锡杖、法剑、法尺、令牌、清水瓶、金印、竹珓，以及铜铃、鼓、大锣、小锣、钹、铙、磬、木鱼、海螺及牛角等响器。这些法器大部分是由用道教和佛教所用的法器而来。

法事中使用的乐器，其中锣、钹、铙、磬及鼓最为重要，使用频率最高；铜铃、木鱼及磬，多在诵经唱忏时敲击；海螺与牛角通常在召请时用，如在请水、禁坛、上刀山、过火炼时吹奏。

法服

壮化道教坛班亦吸纳了道教的服饰文化，但不同的是，坛班成员没有平时在家穿的道公服饰，只有做法时的法服。法服大体包括道袍、帔、文官服、刑服及道冠、法鞋等。

道袍，是壮化道教最常见的服饰，多为青紫色、褐色或咖啡色，有对襟和斜襟两种，道袍之长短则以是否齐脚踝为准。道袍一般是由道公购买布匹，并请裁缝缝制而成，有时还会请善绣女子绣神像于其上。

帔，是壮化道教道士做法事时披在肩上的一种服饰，与道教渊源极其深厚。

文官服，壮化道教坛班中的道书，需要穿文官服。

刑服，壮化道教举行大斋道场时，需要斩牲"替度"，仪式中充当斩牲"行刑"的"刽子手"通常着刑服。

道冠，壮化道教之道冠有三种，第一种为大莲花冠，坛班道公所戴，由绘有九尊神祇的九瓣莲花组成。第二种为小莲花冠，坛班之仙童使者所戴，由绘有五尊神像的五瓣莲花组成。第三种则为仪冠，为坛班普通道公所戴，前额绣有"佛"字。

芒鞋，壮化道教作斋醮科仪时，不分身份贵贱，统统穿用竹壳或龙须草编的芒鞋。热天光脚穿，冷天加布鞋袜。有一点是十分明确的，即法师在科仪中不得穿皮鞋和胶底鞋。

做大醮时，坛班成员必须将上述法服穿戴整齐，方能进入坛场主持仪式，不能有丝毫马虎。

3　壮化道教的仪式特征

　　玉皇大帝为壮族民间信仰中极其重要的神灵，每月初一、十五，无论是壮化道教坛班，还是寻常人家，都要燃烛焚香祭祀玉皇。每年正月初九被视为玉帝圣诞，俗称"上九"，亦有人念经拜祝，各地更有一系列民俗性祭祀活动。

　　赵公明被视为财神，且是广受壮族民众欢迎的民俗神灵之一。在云南壮族集聚地区的县城及商业集镇均修建有财神庙，民众奉祀唯谨。

　　壮族道公出门做道场时，若经过土地庙，要念《土地经》："土地公曹老白皇，神灵在阴保护阳，弟子×××投御，俯叩老爷开大堂，各家修礼来拜请，通祈庇佑护坛场，官员社令随身护，一切凶神拜伏降……"如此礼拜土地神，说明壮化道教认同土地神作为当坊守护神的定位。

　　在壮化道教的传度仪式中，首先要奉请道教神灵监证法坛。

　　按壮化道教仪规，加冠升职的新道士要斋戒七日，如今则稍作精简，改为斋戒三天。据民国《雷平县志》载，当地壮化道教的传度仪式中，已经设置道教式的斋戒场所。"其凡受戒者，不限于道士，即普通人亦可入教。当受戒之日，必请道士为师，设道场，建祭醮，登坛作法……且后大设筵席……受戒而后其人必居于暗室，饮食由家人从递入窗口……更不语言，幽闲四十九日，是谓戒道，名曰'守巫'。"

据黄桂秋、依兵《广西大新下雷壮族道公加冠诸仪式考察》载，戒斋期间禁吃荤腥，只吃糕点、喝清茶。整日放下门帘，闭目静养，足不出户，目不窥园，两耳不闻窗外事。如此杜门绝客，坚持几天几夜，这是受戒的必修课。值得一提的是，无论是受戒仪式还是加冠典礼，都要养一只公鸡做吉祥物，届时让其登场啼叫，以示应验。这只公鸡谓之"德禽"，被关在笼子里，同时送入斋戒室，放在香案旁，让其一同经受斋戒的洗礼。

在新道士斋戒期间，由其亲属组织人力在户外适当地方搭盖一间竹寮，名为"朝廷"。"朝廷"内设一神堂，神堂上挂一幅有盘古、天皇、地皇、人皇诸神的画像。前面设香案，置香炉，摆祭品，昼夜奉祀。"朝廷"如同临时神庙，是奉祀祖师爷的地方。据说这是八仙的聚会场所。在此期间，要请八位德高望重的老人到里面食宿。这八位老者一定是妻子健在的男性才行，鳏夫及终生未娶者没有资格加入。这八位福寿双全的老人在"朝廷"里欢度良辰，主人用酒肴招待，至典礼完成方散。

五 湘西苗族道教

1 湘西苗族巴代文化

因历史上曾经数次大迁徙，苗族族群内部出现了支系划分，主要分为湘西苗族、黔东南苗族和川滇黔苗族三大支系，分别对应东部方言（湘西方言）区、中部方言（黔东方言）区及西部方言（川黔滇方言）区。聚居在今湘西土家族苗族自治州及贵州松桃武陵山脉一隅的苗族支系，因讲湘西方言，被统称为"湘西苗族"。

关于道教传入湘西苗族地区的具体时间，据《泸溪县志》载，南宋时已在该县城北建有延禧观，明洪武年间设道会司于县治东；清雍正年间复设，以延禧观道士管理道会司。该县境内道教分全真派（又称清净班）和正一派（俗称火居道士）。火居道士念诵道教经典，尊奉张天师，且每年秋后还要主持祈神除灾的清醮、皇醮。正一派道教坛班各有其施主，也即各有其活动范围与执仪领域，彼此之间不许发生矛盾与争夺。又据《古丈县志》载，境内正一派道教徒亦被称为"俗家道士"，不出家，但忌食五爪肉（有五个脚趾的飞禽，因"五"乃五行之数，故禁食之）。

明清时期，中央王朝修筑北起湘西古丈县、南至黔东铜仁黄会营、全长190公里的边墙，对湘西苗族实施封锁政策。以边墙为界，将墙外不服管治的"生苗"与墙内接受教化的"熟苗"分隔。魏源《圣武记·雍正西南夷改流记》载，至清朝初年，湘西腊尔山区的苗民仍处于"无君长，不相统属"的"生界"。但随着民族文化的互动互渗，特别是清代改土归流后，汉文化的大量渗入，湘西苗族传统宗教实现了与儒、释、道文化的混融。尤其是苗族传统宗教巴代信仰，吸纳了道教因子，衍生出巴代扎信仰文化形态。

乾嘉苗民起义失败后，主政湘西苗疆的辰沅永靖道台傅鼐提倡以神道设教、补政令之不足的政治措施。正是借助神道设教，道教得以更为深入广泛地楔入湘西苗族传统宗教之中，进而寻求自己发展的机会。

道教的传入，给湘西苗族传统宗教即巴代信仰带来了很大的影响。最直接的表现就是巴代信仰内部出现了分化，一支仍顽强地保留了原有的以蚩尤祖先崇拜为核心的传统宗教信仰体系而成为巴代雄（亦作"巴岱雄"），即苗教；另一支则因接受了道教影响而成为巴代扎（亦作"巴岱扎"），即客教。

湘西苗族称主持宗教仪式的法师为"巴代"或"巴岱"，贵州松桃苗族亦称之为"巴狄"或"道士"，亦有称之为"老司"或"老师"者，分为苗巴代与汉巴代两种类型。苗巴代即巴代雄，属于苗族传统宗教信仰系统；汉巴代即巴代扎，是受到汉族道教影响而产生的，因此汉巴代属于道教系统。明清方志中已有巴代雄、巴代扎的区分。

此外，"巴代"一词亦用来指祭祀仪式本身，当地苗民把举行这类仪式叫"做巴代"或"做鬼"。

湘西苗族巴代法坛的108堂仪式中，36堂为巴代雄主持，72堂由巴代扎主持，也就是人们常说的"三十六堂神，七十二庙鬼"。巴代雄的神辞全是古苗语，没有间杂汉语，在祭祀中以静态（坐或站）

湘西苗族巴代扎

为主进行，乡间将其称为"苗教""祖教""文教"（坐着不动之教）或"苗老师"。

巴代扎是苗汉宗教、文化交融的产物，基于巴代法事的科仪结构，糅合道教仪轨而逐渐形成独特的仪式系统。巴代扎主持法事时，以动态（站或舞）为主进行，其神辞全是汉语，但有的祭仪也夹杂一些苗语，民间将其称为"客教""武教"（仪式以动态为主）或"客老师"。其所祭祀的对象有道教神、本地域内所公认的祖神和一些行业神。

苗、客两教之神灵一般都不混合祭祀，巴代雄与巴代扎亦不交叉组织祭仪。但苗教及客教法事亦有交集，例如，接龙仪式是文武两坛并重，巴代雄与巴代扎共同主祭。

神灵体系

湘西苗族巴代文化有"三十六堂神,七十二庙鬼"之说,三十六堂神虽为巴代雄法事中的神灵,但依然属于苗族传统宗教与道教糅合而成的神灵谱系。据《苗族古老话》所述,三十六堂神中只有十六堂为"苗神",另外的二十堂神为"客神",即吸纳道教与佛教尤其是道教信仰而形成的神灵体系。例如,五道神亲、吕洞苗王、灶王菩萨、进财郎君、五位神龙土地等,都是糅合了道教而形成的鬼神。

七十二庙鬼,则系巴代扎所主持法事中的神灵系谱,以道教神灵为主体。因受道教的影响,巴代扎祭祀的神灵,变成了主要以太上老君为核心的道教神灵系谱。亦包括诸如观世音、如来、弥勒、地藏及文殊菩萨等佛教诸神,以及鲁班神、药王神等行业神。可谓多元杂糅、众神荟萃了。

在巴代扎奉祀的道教神灵体系中,太上老君的地位极为显赫,玉皇亦是极其重要的尊神。巴代扎佩戴的法帽(凤冠)上就有三清(玉清、上清、太清)神像。"吾奉太上老君,急急如律令"一语,被广泛地运用于法事活动中。巴代扎以太上

湘西苗族巴代扎神案

老君为最高神，希望依托其法力请神降仙，实现祭祀目的，表现出鲜明的道教神仙崇拜色彩。同时，巴代扎服饰蟠龙天师袍中的"天师"，即是道教始创初期张道陵之"天师"称谓的遗存。

科仪轨范

就道教化的坛场设置看，湘西苗族巴代扎每做道场，均供奉天尊牌位。坛场正面悬挂太上老君神像，两边则悬挂四大元帅的神像。其所念诵经文，亦多取法于道教，如《玉皇经》《三光经》等。其唱腔分八句赞、九句赞、三仙赞及香赞等，并配以唢呐、长号和打击乐器。

又因为吸取了佛教的部分内容和经典，在超度亡人时，巴代扎的法事坛场中又会悬挂观世音菩萨、十八罗汉、二十四诸天神像；唱诵《血盆经》《金刚经》等。巴代扎有时还会协助庙里和尚唱经。可见湘西苗族巴代扎中的掌坛道士，一般都置办道、佛两堂神像，传抄道、佛两教经书。

巴代扎主持还傩愿法事时，傩堂中要扎制由三道拱门构成的"桃源洞"，意为"三洞"，再在桃源洞后置坛桌一张以奉祀傩公、傩母神偶。关于桃源三洞，有学者认为是受到了汉文化尤其是道教的深刻影响。

在湘西苗族法师巴代扎家里，其中堂必有一个日常奉祀的神坛，通常设在中堂后墙上，分上、中、下三坛。其中最上方神坛供奉以太上老君为核心的三清，并有左御李真人、右御张天师。这些神灵都是道教神仙谱系中的崇拜对象。

化水，是巴代扎法术之一。化水时盛净水一碗，巴代扎手持点燃之香烛，口念咒语，对着水碗画符。据说如此之后，碗中之水就能产生特殊功能。石启贵《湘西苗族实地调查报告》认为：

画水之术，古代有之。至东汉，张角以符水咒语，为人疗疾，已极兴盛。今日苗乡画水，一为驱邪，二为治病。画水师均有师父传授法术，亦有苗觋能行之。画水时，画水师燃烛点香，口念咒语，对水碗画符。内病给患者饮之，外伤口喷伤处。画水咒语，"各师各教"，因类而异。

神符。在巴代扎仪式中，还要用到很多符。据不完全统计，现存巴代扎所用神符约有一百道。此亦是深受道教影响的结果。

咒语。巴代扎咒语中都以"吾奉太上老君，急急如律令"一语结束，同样体现出道教的影响。如巴代扎所使用的《藏身咒》："金石、金石，你身换我身，你身藏我身，鬼魂不见吾身……吾奉太上老君，急急如律令。"

巴代扎亡故后，登真成仙的"开天门"（亦被称为"叫天门"）仪式，亦当取法于道教科法。巴代扎咽气后，其父老妻儿均不许啼哭，先请巴代雄为亡故的巴代扎交衣、交被、交鞋、交袜，再请巴代扎"掌坛"，即主持丧葬仪式。举行开天门仪式时，要揭开已故巴代扎家堂屋屋顶上一叠瓦，架一个专门为此仪式制作的竹梯，梯脚用索子捆住一架竹筒纺纱车。再另请七位巴代扎做法事，送死者的魂魄去太上老君殿。举行开天门仪式的过程中，已故巴代扎的遗体不能收殓于棺材内，而是穿法衣，戴法冠，用绳索固定在椅子上。主持丧仪的巴代扎要绕着椅子举行法事，奉请诸神，打绺巾，罡步跳跃做祭。

科仪文书

巴代扎有较系统的文字经典或抄本,神辞的使用也十分严格。湘西苗族巴代文疏表章,指巴代扎在祭祀仪式中所应用的疏章、表文、申文、状文等,据目前不完全统计,共有牒、疏、表、申54道,吊挂41组,门额4类,神联61幅。

在巴代扎主持的仪式中,缮写牒、疏、申、表、状文时,有很多讲究和规矩,不得违背。巴代扎在仪式中使用的科仪文书,无论文体格式还是具体内容,多取法于道教之科仪文书及青词(又称"绿章",是道教举行斋醮时献给上天的奏章祝文)等。

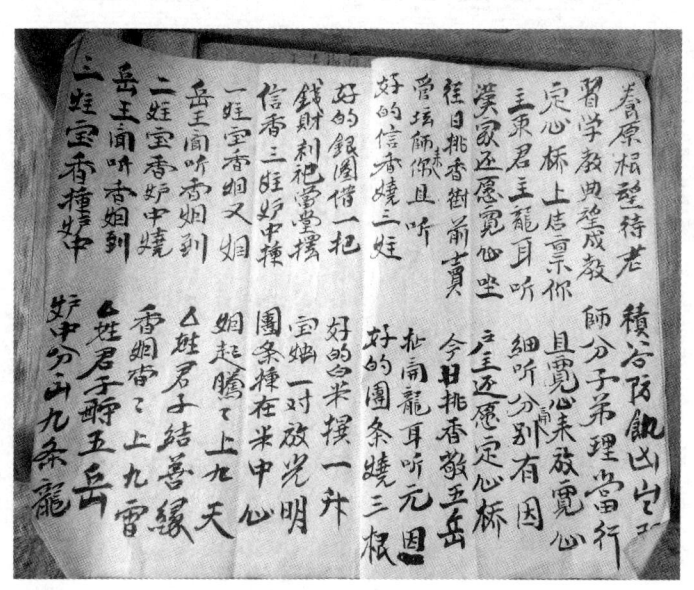

湘西苗族巴代扎科仪本《定心桥》(局部)

2 巴代扎法事器物

法服

在湘西苗族巴代扎主持的法事活动中,无论法事大小,巴代扎都必须头戴法冠、身穿法衣才能主持仪式。

巴代扎冠扎亦有称之为"凤冠"者,冠扎上绘有5~7个神祇的画像。冠扎7个画像从左到右依次为左判官、花林姊妹、通天、玉皇大帝、太上老君及右判官;冠扎5个画像从左至右为月、三清、日。

巴代扎主持宗教仪式时,所穿服装主要有红色、青色两款。巴代扎执仪时所穿法服被冠之以"天师"称谓,亦可见巴代扎文化与早期天师道之渊源极为深厚。

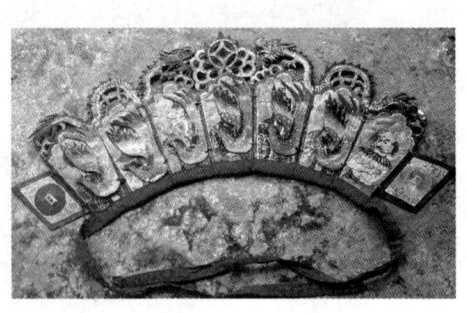

湘西苗族巴代扎冠扎

法器与乐器

巴代扎法器及道具约有86件,其中法器26件、道具60件。

牛角号是巴代扎非常重要的法器,呈弧形,一般以水牛角制成。也有铜制或银制的牛角号,但要保持牛尖角之造型。牛角号中间空心,顶端有吹气小眼,角声浑厚、低沉而苍茫。

师刀,亦称之为"司刀",是巴代扎在祭祀仪式中请兵与杀鬼的法器,由刀口和环圈两部分组成,一般为铜质的。

马鞭,又称"打神鞭",起着压邪赶鬼的作用。它在仪式中一般配合着罡步使用,闲置时一般插于衣领。马鞭整体上由三十六节竹条与五种颜色的布条组成,分别代表巴代扎信仰体系中的三十六堂鬼神和天地间可供呼唤的五方兵马。马鞭的选材有特殊的讲究,做马鞭的竹条与竹筶的材料必须来自同一根竹子。竹筶用竹根最底部,马鞭则选取该竹根部含有三十六节的竹根须部分。

湘西苗族巴代扎师刀

令牌，又被称为"印牌""镇坛牌"，是仪式中震慑鬼邪并使之听命于巴代扎的法器。材质以梨木为佳，雷击后的梨木为上上之选。正面刻有"吾奉太上老君，急急如律令"或"敕令伏魔镇邪斩鬼罡煞"等图文，两边刻有"千千猛将听令""万万神兵前行"神辞及各种符号，内部放有朱砂，最后用木片密封严实。

一些苗族巴代扎使用的印牌分为太上老君正印和玉皇大帝正印两种。其使用有严格的规定：坛班传承历史在三代以下的巴代扎，使用太上老君正印；坛班传承历史在三代以上者，使用玉皇大帝正印。印牌一般为扁长方体，用梨木制成并涂以朱漆。其正面通常刻有类似乾、坤、坎、离四卦的图符和符篆，背面不着纹饰。

法印，又称"玉印"，据说在仪式中任何符咒都要加盖法印后才有法力。令牌和玉印都是道教高功非常重要的法器。

绺巾，是用于召集"三十六宫、七十二煞"的法器。绺巾颜色较为绚丽。巾条亦称巾片，每条窄片出自一位少女之手。巴代扎为了制作绺巾，会四处发帖向乡邻叩讨巾条。巾条越多，说明巴代扎人缘越好，坛门兴旺。姑娘们以被索要巾条为荣，往往会自费挑选上等布料精心绣上花草、鸟兽、吉祥文字或祝贺字句，如"坛门兴旺""寿""八方有望""四时灵验"等，然后按规格剪成条状，背面糊上衬布，再用丝线扣边，完成制作。巴代扎收到各方送来的巾条后，用针线将其顶端联结起来。巾条下垂，舞动起来，

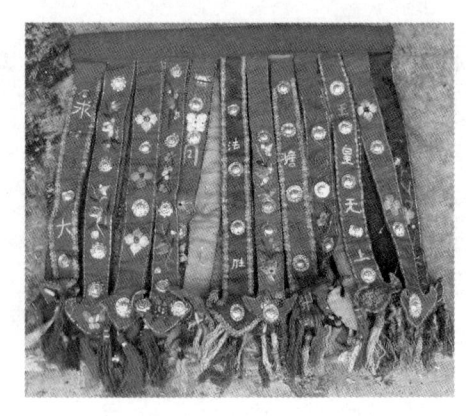

湘西苗族巴代扎绺巾

巴代扎法事器物（法帕、冠扎、牛角号、师刀、卦子、雷印、朝简）

翻飞飘舞。绺巾主要用于祭祀的关键环节。

竹筶，又称九孔八卦筶，是在仪式中占卜吉凶的法器，选取竹根部第一节制成。九孔八卦之"九"，为单数中最大的数字，取其"满""盛"之意，"八"代表八个方位，二者结合则寓意能占卜宇宙间的万有、万事及万物。一般一阴一阳成对出现，象征各种自然现象和社会现象。

祖师棍，一般在守坛、还傩愿、请祖师时使用。在巴代扎的法器中，祖师棍具有最高神格，几乎成为祖师的化身。因此在取材、造型上格外讲究，其选料必须是雷劈过的桃木，以示对巴代扎是否具备灵气和与天地诸神能否相通的潜质等条件的检验。

法剑，铁制、铜制和木质不等，剑柄上有八卦图样或日月、龙凤呈祥图案。

在一些特殊的仪式中，还需要相应的其他道具，如刀梯、犁口、钢叉、刺床、碗、竹签等。

在巴代扎主持的法事活动中，坛场乐器包括鼓、锣、钹、铛、铃、磬、筶以及长号、唢呐及芦笙等。鼓有大鼓、小鼓两种，有四面鼓、两面鼓之分，属打击乐器，声音浑厚，用于祭祀。在祭祀仪式中，很多动作如舞蹈等需要鼓配合。锣有大锣、小锣及包包锣几种，配合鼓用，鸣声悠长，在舞蹈中必不可少。

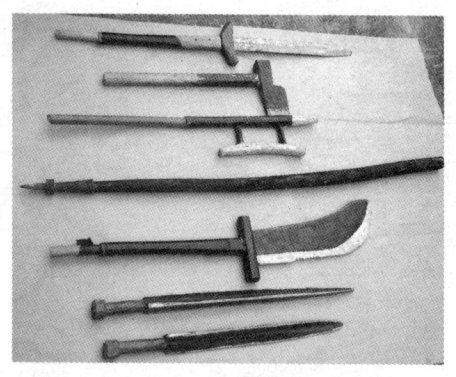

湘西苗族巴代扎法器（宝剑、板斧、祖师棍、大刀、三刃剑）

湘西苗族巴代坛场乐器（锣、鼓、铙、铰）

神像、神偶及面具

巴代扎仪式中多悬挂神图，或称之为画案、神像及案子。这些神图大多是道教神祇，也包括佛教神灵。通常在还傩愿法事中悬挂 7 幅神图，超荐度亡道场中悬挂神图 17 幅或 18 幅。

神偶。在巴代扎主持的还傩愿法事中，还供奉傩公与傩母神偶，俗称"神头"。雕刻神偶一般选用当地称为"贵柳"的木料，雕刻完毕，涂以色彩，放入油锅煎炸，使之不被虫蚀。还会择吉日请德高望重的巴代扎为之开光。

巴代扎主持的还傩愿仪式中，要使用面具，扮演傩戏。面具人物包括先锋、开山、秦童、八郎、土地、判官、和尚、算匠等。雕刻面具选用木质细腻、重量轻、不容易炸裂的柳、槐等木料，雕刻完成，亦择吉开光。

湘西苗族巴代扎还傩愿仪式中的傩面具

3　巴代扎坛班

湘西苗族地区，几乎每个村寨都有自己的巴代扎坛班，有的有多个坛班，亦有几个相邻的村寨共享一个坛班的现象。坛是凝结巴代扎师承关系的重要标志，巴代扎多是以坛为核心而存在的，一个坛就是一个独立的信仰组织，有坛主和坛员。坛主经过"过法"（相当于出师仪式）而获得坛主资格，能独立主持各类仪式，行使各类权力。成员则是由坛主筛选的师从人员组成。通常，这些坛的规模有5～10人不等，坛主及师从人员的数量相对稳定，并不随意发展信徒。当坛主年老力衰时，即从其所带的坛班成员中选择接任者，而坛主职位代际交接时，需要为拟任者举行"牵街"（亦写作"迁阶"）仪式以公开确认其身份。

在巴代扎传承谱系中，其法名的命名方式有特殊的规律，坛班内部称之为"七轮八转"。例如，有学者在湘西苗族巴代扎传抄的《巴代谱系图》上，发现每个巴代扎法名中间都必须有"法"字，前面再冠以本家的姓，最后一字则表明传承顺序。基于此谱系图，大体上可以归纳出湘西地区苗族巴代扎坛班的传承顺序（也即坛班字辈）当为

"高、全、望、林、传、通、明",总计七个字辈。

每当该坛班现任巴代扎之法名是传承顺序最后一个字时,下一代巴代扎法名中的最后一个字,也即体现坛班传承顺序的字,要经师父掷珓,由神意决定为"高、全、望、林、传、通、明"七个字辈中的哪一个。假如占卜结果为"全"字,接下来的七轮就变成"全、望、林、传、通、明、高",如此循环往复,产生"七轮八转"的坛班字辈运行规律。坛班巴代扎认为,此种法名命名原则是太上老君传下来的规矩。

湘西苗族巴代扎一生中要度"三关",即度关、度执、度亡,此乃巴代扎群体共有的三大人生礼仪。十二岁前要做"度关煞"法事,

湘西苗族巴代扎傩堂设置

包括过关、度桥、踩刀解邪等；加入坛班组织后，若想成为坛班的掌坛师，就要接受严格的度执（或称"度职"）仪式考核。传度师是另一坛的掌坛师，另由两三个坛班的掌坛师担任监考官，参加观摩的坛班多达二三十个，好友达数百人。测试内容是三天三夜的祭祖法事科仪和文武坛场技能；掌坛师辞世时，须坐化在法坛上，由接任掌坛师职位的弟子为其主持"送亡师"仪式。

取得巴代扎身份后，新恩弟子从此必须去俗从法，弃恶从善，严格遵守五大戒条：一是忌口，不吃狗肉和五爪肉，不吃被老虎咬死的动物肉；二是净身，不接触尸体，不帮别人抬灵柩；三是禁欲，平常不准讲污言秽语，更不许和妇女打闹及说下流话调戏妇女，黄昏不许从寡妇门前经过；四是止盗，不许偷盗、赌博；五是行正，平时行为要端正，不欺老弱，因纠纷打人不能伤命。

苗族巴代扎不管是祖传的还是投师学艺的，要想成为一个真正的巴代扎，必须经过择徒、验身、度身三个环节。

择徒　是师父对自己的儿子或前来学艺的弟子进行一定的考察。主要看其是否诚实忠厚、心地善良、作风正派；是否敬重长辈、崇敬祖先；是否诚心学艺；是否智力发达、能言善记、反应灵活等。师父经过观察接触，认为合格后才能将其收为学徒。

验身　为了对新招收的弟子进行"验身"，巴代扎坛班的掌坛师通常选择除夕到正月初五这几天，召集弟子来其家中，由师父作法，徒弟们虔诚受验。届时，徒弟们轮流站在堂屋中间，面对神台，脚跟踩在两块竹片上，脚尖落地。掌坛法师念动咒语，请来列祖列宗和历代法坛祖师，在紧锣密鼓、号角齐鸣中，罡步旋舞，时而拍击令牌。这时受验学徒跟着鼓点慢慢抖动，双手摇摆，全身也就跳起神来，约三五分钟后，师父示意停歇方止。师父通过观测，凡认为有"法身"

者，才能正式接受为徒；反之，跳不起来者即被视为缺乏仙风道骨，逐出师门或者不作真传。

度身 学徒经过三五年学习和实践，基本上掌握各种法事的祭词和祭仪，可以单独主持仪式时，徒弟即可向师父提出度身出师，赐予法号。师父若同意，则可另立法坛即祖师坛或师坛（祖传者则不另设），此即为度身，亦称为"过法""渡法"或"迁阶过职"。此种学成出师的仪式是苗族巴代扎获得其身份的重要仪式，通过该仪式，即成为一名真正的巴代扎，从此可以独立主持各种宗教活动。

巴代扎经过度身以后，必须严格遵守五戒条，才能得到列祖列宗先灵和历代祖师的信任，才能统帅神兵天将，所做的祭祀法事才能灵验，才能驱妖捉魔，扶正压邪。据说巴代扎本人也能避免疫病，健康长寿。

六 黎族道教

1 道教传入与汉道公产生

道教涉足海南,最早见之于唐代的昌化县境,时为黎汉族杂居地,据光绪《昌化县志·寺观》载:"景昌观,《九域志》:'唐乾封(667)中置。'"初唐高宗时的昌化县景昌观,是见之于方志的海南最早的道观。

五代时,由于中原战乱频仍,大批汉族纷纷南移,其中不少迁移到海南岛。不断迁居的汉族民众与黎族交错杂居,进一步加强了民族间宗教文化的交流融合。

宋代以来,海南岛黎汉民族之间的交流往来空前活跃,黎汉之间的贸易往来日益频繁密切,交易物品种类繁多,参加人数众多。大量土特产品贸易使大批黎族民众参与其间。据《桂海虞衡志》称,熟黎"能汉语,变服入州县圩市,日晚鸣角,结队而归",与汉族杂居和靠近汉族地区的黎族民众(熟黎)已大批进入圩市进行交易了。位于海南岛中心地区的黎母山境内的黎族民众,也已介入与汉族的土特产品贸易。

宋王朝采取以羁縻笼络为主、武装镇压为辅的治黎政策,使得大量黎峒归附中央王朝。宋朝的州县设置深入到黎区,大批黎族峒首接受中央王朝的授官封爵。

北宋真宗咸平年间，全国大修道教宫观。海南奉诏在琼州、万州、儋州修建天庆观，这是海南最早的成批建造的官立道观。至宋元丰年间，又建永兴观。元丰五年（1082），神宗诏封昌化县大岭山神为峻灵王。自此，峻灵王山神石峰及峻灵王庙声名大振，昌化大岭山成为海南道教圣地。

南宋时期，黎族腹地黎母山（今五指山）成为国内知名的道教名山。据《道法会元》一百零八卷《翠虚陈真人得法记》记载，道教金丹派南宗四祖陈楠、五祖白玉蟾均于此得道。可见黎族腹地深居高道真人，是神霄雷法的重要传播地。这对黎族聚居地的黎族民众不可能不产生影响。

元代，海南道教神祇中出现了黎族民众普遍崇拜的黎母，琼州建立黎母庙。道教在黎族地区的影响，通过黎族敬畏之鬼（神）不断加强。明清两代，是道教在海南普遍向民间传播和世俗化的时期，道教对黎族地区的影响进一步加深。特别是清雍正年间，道教渗透到海南黎族大部分地区，不但输入玄天大帝、万天公、华光公、五雷等道教神祇，还带来与汉族关系密切的英雄崇拜。与此同时，汉族道教逐渐与黎族传统宗教信仰相结合，先后出现了峒主公、三圣娘娘、上界夫人、中界夫人、下界夫人等具有黎族特色的道教神祇，产生了黎族化道教的宗教人员，形成黎族民众普遍接受的黎化道教。

道教传入黎族地区后，黎族传统宗教吸收了道教赶鬼的方法，道教的专有名词如"道公"也开始在黎族地区出现。"道公"最终取代黎族原有的巫师"娘母""鬼公"，成为黎族地区主要的宗教活动主持者。

后来，黎族道公中出现了汉道公，汉道公拥有道教化的经书，仪式中使用道教化的法事器物，念咒画符，奉祀张天师、玄天夫人等，故黎族群众认为汉道公法力较大，优于黎族传统宗教巫师。汉道公俗称"三伯公"，属巫医性质，作法时用海南的汉族方言念经，吹牛角、手摇铜铃，双眼紧闭，全身颤动，并穿道教式长袍，头戴尖形帽子。汉道公不但是道教的传播者，同时也是沟通黎汉文化的媒介。

例如，今东方市东河镇西方村汉道公用汉族土语"做鬼"（即做法事），用汉族道教的道具，包括神像图及木雕神偶。而此地的黎道公则不然，他们用黎语"做鬼"，不懂汉族道经，没有禳煞祈嗣及写符念道经之类执仪技能。但是，就"做鬼"的范围而言，汉道公不能做祖先鬼（即与祖灵有关的法事），也少做天鬼（即与黎族传统宗教信奉的神灵有关的法事），而这两种正是黎道公的主要活动范围。

又如西方村美孚黎的汉道公中的红袍道公（汉道公中地位较高者）和黎道公，都是由各个公派（即族姓团体）推举出来的，由本公派各户人家筹集钱粮供其学习法事操作。学成后，需要终生义务为本公派提供宗教服务，不得收取报酬。在两类道公共处一地的状况下，两类道公早已约定俗成地明确了各自的职责范围，一般来说，在家的祭祀活动由黎道公负责，在鬼屋（类似于祠堂）的祭祀活动由汉道公负责。西方村现在有六个红袍汉道公、四个黎道公，他们共同负责全村的宗教仪式活动。在丧葬活动中，两类道公分工合作，共同完成安抚亡灵、抚慰家人的重任。除主持献祭仪式外，这两类道公还主持招魂、禳灾、驱鬼、合婚、占卜等仪式。

2 道教渗入黎族宗教文化

先说说黎族道公法事的道教化。道教的传入使黎族宗教信仰出现"神"的观念。黎族传统宗教信仰中有"鬼"的观念，无"神"的概念，即"神"的观念还未从"鬼"的概念中分化出来。但受道教文化的影响之后，逐渐出现玉皇大帝、玄天大帝、土地公、华光公、龙皇公、三爷公、七爷公、万天公、侯王、三圣娘娘、五指娘娘、七指娘娘、观音娘娘及九天玄女诸神概念，并相信神能驱鬼逐妖，保佑黎民村寨安宁、人畜兴旺、五谷丰登；与此同时，主持宗教仪式的黎族巫师中逐渐衍生出汉道公。凡身为汉道公者，必备有全套的法帽、法服、神杖、珓杯及法印，有的还有牛角、小鼓、小锣、雉尾、弓矢及小刀等法器。

在受到道教影响后，黎族传统宗教仪式的主持者娘母、鬼公逐渐从宗教活动的主角退为配角，汉道公则成了主角，而鬼公也变成汉道公或者二者功能兼而有之；黎族村寨也逐渐出现了祠宇化的祭祀场所。据海南白沙的田野调查资料显示，诸多黎寨均有用小茅屋或砖瓦房供奉木偶的现象，这种建筑物黎族通称为"鬼屋"。通常鬼屋有七个公仔（即神偶），其中之一是土地。此外还有两匹木雕白马神偶，据说是上述神灵的坐骑。另有小木椅数张，以供新年村人抬众神偶至附近各村巡游时使用。木偶形象类似于汉族地区的神，如玄坛、文昌之类。

又如西方村符姓黎族共有六个支派，每一支派都有自己的鬼屋。这种鬼屋既相当于汉族的祠堂，又富有宗教色彩，相当于汉族神庙。祠堂里有不少汉式神主牌，上书"皇清显考讳符××公之神位"，还有很多如汉族庙宇里所供奉的木雕神偶，如元坛、北帝等。此外，汉道公必须奉祀的木雕神偶亦放置于鬼屋中供奉。

一些地区甚至出现了道教式的宫观祠宇，以及迎神赛会活动。据

海南保亭县民族博物馆藏黎族木雕神像

今保亭县保城镇番文村黎族村民口传资料，在冯子材征黎以前，保亭营就已有一连三座房子的庙宇，其中供奉着二三十个木雕神偶。这些神偶中有骑马的峒主公、村主公、七爷公、二爷公、龙皇公、部司公等，还有抱着小孩的三圣娘。其中七爷公是专司捉鬼、查禁、治病的神，三圣娘娘则是担负送子添丁责任的神灵。庙宇由当地汉族商人和附近黎村民众共同奉祀，每年正月初六、初七日，保亭营的汉族民众即制作各种纸花灯、灯笼，准备游灯。正月十四日，各汉族家庭都张灯结彩，附近的黎族民众也换上新衣服，小孩们提花灯，青壮年则将神庙里的神偶悉数抬出，去包括黎寨在内的各村寨巡游。所过之处，

各黎寨都准备好猪、鸡、茶、酒、饭和各种时鲜水果向神灵致祭。

最后，黎族民俗信仰中也出现了道教化因子。道教节日渗入黎族岁时祭祀活动。一些黎族社区开始出现道教三元节节庆活动；咸丰年间，今乐东县黄流镇黎族已开始祭春，每年正月十五、十六日均要庆祝元宵节，称之为"灯节"。端午节时，当地黎族群众除了备办牲仪祭祀祖先外，家家户户都要浸泡糯米，用箬叶、槟榔剑或葵叶等包粽子；黄流民间习俗认为五月不吉利，有"善正月，恶五月"之谚，所以其端午风俗多为驱邪辟毒之类。当日，家家户户门上都要插上蒲艾，门槛上要洒"龙头水"（用七彦花和俗名叫鸡岛花及橘叶浸泡而成的水）。中午时分，每人都要用龙头水洗澡，据说此水能够辟邪，还能使人免生皮肤病。有的人还要趁这天的中午到山上去采药，据说此时的草药药效最佳。

此外，灶神信仰亦较为普遍地出现在黎族岁时祭祀仪式中。每当农历十二月廿三日，陵水的杞黎、侾黎、水流黎及杂黎，大都举行"送灶公上天"的祀神仪式。此日，黎家都得请汉道公画两张纸马，其中一张贴于灶壁，另一张则在祭灶仪式结束时焚化。祭灶时，还要奉献四个饭团、一块猪肉及三杯水酒，并焚香燃烛，鸣放鞭炮，以送灶神上天述职奏事。

3　黎族汉道公

黎族汉道公俗称"三伯公"。

琼中黎族汉道公分文道公、武道公两种。若有人生病，其家人即请汉道公举行"做鬼"法事为其禳解，如汉道公查实患病起因在于其祖先鬼要求患者学道，那么此人必须拜汉道公为师，学做法事。学成之后，再经汉道公组织中的掌案师、高公、正公及引驾师批准，发给此人道公资格证明书，并自备道剑、铁令、牛角号、驱鬼索等法器，方可为他人主持法事。

武道公一般不识汉族文字，是经过"搭丁"产生的。所谓"搭丁"，与汉族降神相似，多在峒主公的节日里出现。凡有人想成为武道公，便请求峒主公允许他在军坡节那天被搭丁。搭丁时，此人完全失去常态，或用刀砍自己的头部，或拿病人送给峒主公作酬谢的铁令箭穿过自己的两颊，祈请峒主公应允其做武道公。此外，此人还需要从老道公那里学得咒词，学成以后便成为正式的武道公了。武道公专门查鬼，也可以查禁公、禁母（禁公，以巫术手段害人的男性。禁母，以巫术手段害人的女性。流行于海南白沙、乐东、保亭、琼中等地），但查出鬼名后，得由文道公"做鬼"，自己只能做一点小法事。

黎族汉道公效仿道教科法，从事斋醮活动，以符箓禁咒为人禳灾求福，役使鬼神。保亭南林一带的汉道公也做佛事，超度亡灵，可说是道中有佛。

尽管道教在黎族社会中影响较大，但都融入了黎族的传统宗教中。例如，前文叙及的西方村，6个不同血缘的符姓宗族，都有各自的道公。凡进行与鬼屋有关的宗教活动都属于汉族式祭仪，由汉道公主持，而在事主家中进行的宗教活动，多数采用黎族传统宗教信仰，仪式则由黎道公操作。这样既保留黎族传统宗教，又有道教特色，且两者互不影响，各行其是。但黎族传统的宗教活动，对西方村黎族家庭的影响更大、更为深入。

一些黎族聚居区的汉道公有统一的组织系统，其组织构架中，掌案师、高公、正公及引驾师是核心人物，高公由文道公担任，正公由

主持仪式的黎族汉道公

武道公担任,掌案师由文道公担任,引驾师由武道公担任,四人的职位是相等的。掌案师管理法印等物。引驾师则专司"军事",凡道徒被承认为正式道公时,必须向他请求"发兵",从此才能做法事。

道徒学道成功以后,即携米三升、鸡一只、油半斤及香、酒等物,拜见掌案师、高公、正公及掌案师,表明自己奉祖先之命学道已成,请求发给正式做道公的资格证明。掌案师等人查实后,即给予其资质证明作为凭据,并授予其法名。但道徒要为此支付酬金,且自备道剑、铁令、牛角号及驱鬼索等法器。此外,还要借出掌案师持有的先代道公传袭下来的道印,并以此为蓝本,雕刻一枚属于自己的道印。

任何一个学做汉道公者,都要经过此黎族化的民间道教组织认可之后,才能取得从业资格,被黎族民众接受,也才能主持较大规模的法事活动。

还有一些黎族支系的汉道公分为红袍道公、绿袍道公及书生几个层次,其中以红袍道公地位最高。通常,红袍道公由推举产生。绿袍道公则是自己学习经文、参与宗教仪式活动并得到红袍道公认可的宗教执仪者。另外还有书生,帮助汉道公进行宗教仪式的抄写工作,也是通过举行仪式自愿加入的。

据田野调查资料可知,美孚黎汉道公就分为红袍道公、绿袍道公及书生三种。每个公派都有一个绿袍道公,但当绿袍道公没有什么收入,只要村中有法事,都要义务帮忙,为此也会耽误不少自家的工作,所以一般人是不愿意当绿袍道公的。绿袍道公中,有人是因为家中没有男孩,所以从业当绿袍道公,亦有人因婚后多年没有子嗣而自愿担任绿袍道公,还有人认为自己命运多舛而当了绿袍道公。不管何种从业原因,其实都是希望自己能通过充当红袍汉道公的助手,为村民服务,以此求得福报,摆脱目前之困厄。与红袍道公一样,绿袍道公也有自己的法印，年底在家封印后就不再吃荤。绿袍道公有经书、珓杯和一条绿袍，平日放在红袍道公那里，绿袍道公不能穿红袍道公的红袍法衣。如果年老的红袍道公亡故，没有合适人选替补时，则可推荐绿袍道公晋升为红袍道公。

美孚黎汉道公中的书生，同样负责法事文书缮写工作。之所以做书生，乃是认为自己时运不济，希望通过参加汉道公坛班组织，充当书生为他人服务，以改变多舛的命运。

4　黎族道教的神灵体系

据相关田野调查资料可知，在琼中、陵水和三亚等地的黎族社区，由于道教的影响，早已存在对华光、五雷及玄天大帝等道教神祇的崇拜。黎族汉道公在法事中奉祀的神灵，也已经明确地列出张天师、玄天夫人等。

在"团兵招将"法事中，所唱诵的《团兵召将科》经文，奉请之神灵同样以道教神灵为主，且出现"急急如律令"等语："雷鼓阵阵警鬼胆，天火炎炎烧鬼营。扫荡罡风承帝令，押赴地狱便施行。我今稽首口（叩）真黄，大赐雷威加拥护。法子一心转奉清（请），众将诸临降来临，火急如律令。"

琼中县红毛镇罗坎村汉道公主持法事时，所奉请的神灵如下：

　　请天上的土地公、峒主公、八卦先生、钻土先生、掌管档案先生、千里耳先生、万里目先生、断阴断阳先生、诸葛亮先生、太上老君、佛祖如来、观音先生、张天师；请昊天金卦、玉皇上帝、九天雷总、开皇大帝；请太上无形无名、升天升地、升道升仙、万物始祖、元阳上帝等诸神下凡。

同样有不少道教神灵。

祖先崇拜

在汉文化影响较大的黎族地区，已出现汉族式的具有道教因子的祖先崇拜模式。许多家庭与汉族家庭一样，设有神台、神主牌或神籍，个别黎族姓氏还将其祖灵偶像化，奉祀代表祖灵的木雕神偶。而东方市一些黎族聚居区，还建有本姓的"鬼屋"，此种信仰场所类似于汉族奉祀祖灵的祠堂。

昌江保平及峨港一带的美孚黎、侾黎支系中，若有家人亡故，期满七十二日后，即焚化纸衣、冥币并杀牲祭奠，追荐亡灵，意在引领亡灵归附于家中奉祀祖灵的神龛。此种仪式当取法于汉族道教超度追荐仪式。

加茂黎族支系多在房屋正厅设奉祀祖先的神位，通常在神位下的木方桌上置八杯酒、八碗茶及八双筷子，燃红烛一对，又置一红三角香炉，并焚香三炷于其中。神位上方贴长方形红纸，上书"安定郡"，神位下方有联："祖德如山重，宗恩似海深。"婚礼后的第二天早晨，新婚夫妇要于神位前捧着茶盘，面对神位举行拜堂仪式。

黎族各支系亦举行岁时祭祖仪式，尤其是每年除夕，各家必杀猪并献祭于神龛前。待祭祖物品陈设完毕，还要等待汉道公来家中司仪主祭。按照习俗，各户人家只有等汉道公来家中主持拜祭祖公的仪式后，全家人才能吃饭。由于村中汉道公少，户数又多，此环节耗时极多。

土地神崇拜

几乎所有的黎族村寨都建有土地祠。这些土地祠或以村寨为单位，或以姓氏宗族为单位共同修建；其形制、信仰仪式与习俗，均取法于汉族社会的土地信仰习俗。

例如，海南五指山市黎族信奉土地神，一村甚至有几个土地祠，如什茂村有四个、什甫村有三个。黎族民众认为土地神是村寨的保护神，村中几个支派（即同一祖先的家族）均各有其土地祠。这些土地祠多是用几块石头盖成的小石屋，内放有一两块人形石头。据说这些土地祠能保护全村各姓人家人畜兴旺、庄稼丰收。

另有一些黎族村寨的土地神崇拜，尤其是土地祠形制就是从汉族地区直接移植而来。例如，乐东县南筹乡南筹村的土地祠较完整，与汉族地区所见无甚差别。此土地祠为砖墙瓦顶，祠内供奉的土地公、土地婆两神偶之形象亦与汉族地区所见相同。大约在六七十年前，南筹村的头面人物在汉族地区初识土地祠，并听说土地神能保护村寨人畜兴旺，便购买汉族地区的建祠材料，请来汉族工匠修建土地神祠。此土地神祠最初只是该户人家祭祀而已，后来逐渐变为全村人供奉土地神的信仰场所。每农历五月初五、七月十四两天，阖寨聚于该祠，祭祀土地神。

神阶与祠宇

　　道教的传入给黎族社会带来了玄天大帝、大无佛鬼、华光公、三圣娘、五雷、上界夫人、中界夫人、下界夫人及土地公等。黎族传统宗教中的土地鬼、祖先鬼、峒主公及雷公鬼亦开始偶像化；黎族村寨必在村头村尾修建一个土地公庙，视土地公为保护人畜安宁的神灵，且逢年过节都备祭品祀奉；黎族村寨还有被称为"鬼屋"的公共祭祀建筑，或为小茅屋，或为砖瓦房，鬼屋中奉祀代表族群祖先鬼的木雕神偶，其形象亦类似于道教中的玄坛、文昌之类的神灵。

　　琼中县红毛镇番响村，各户人家供奉一个乃至六七个这样的神偶。七个木头公仔其中四个分别代表曾祖公、曾祖婆、祖公、祖父，其余三个则分别为"色失"（音译词，据说是最高级的鬼，统治其他一切鬼）、真武、灵帝。五指山市水满乡什甫村、番阳镇什茂村所奉祀的祖先鬼也已不再是一种无影无踪的精灵，而是木偶神像，置于神坛予以奉祀。家中老人去世以后，需要将死者之名写在纸上，贴于被视为祖先神灵的木雕神偶上，或另雕一木神偶代表新故者亡灵以享奉祀。此种引领新故亡灵归附神坛祖灵神偶的仪式，要请汉道公主持完成，由其引魂归位。

　　通常，一个黎族家庭之神坛中代表祖灵的神偶数目不一，有三五个的，有一两个的；经过汉道公做斋后，可以由汉道公将所有祖灵归并于一个神偶中，其余则抛进河中。

　　有的家庭亦用一木偶来代表雷公鬼，但有些家庭由于神偶不多，即以祖先鬼木偶背后的干戈代表雷公鬼。据说，雷公鬼的职能是监督祖先鬼，不准其在家中作祟，其地位高于祖先鬼。据田野调查资料显示，上述地区的木雕神偶多是从儋州汉族聚居区购买，实为汉族庙堂中的小神像，黎族民众对这些木雕神偶的名称虽不甚了解，但并不妨碍他们将其充作自己信仰系统中的神灵形象。

受道教观念影响，海南黎族宗教信仰中亦开始出现神阶。

黎族民间社会认为天鬼最大，汉道公认为天鬼等于五雷鬼、玄天大帝等。这说明他们接受道教"神"的概念以后，因对其概念很模糊，因而将其与本族固有的天鬼混为一体。神常常被人们幻想作可以驾驭鬼的更高级别的神异力量。神鬼之间有了等级高下的区分，即有统治与被统治的关系，如天鬼、玄天大帝等可管理其他鬼神。

还有黎族自建或黎汉两族民众合力改建汉式祠宇的情形。例如，光绪初年白沙县红星乡什罗螺村，由汉族出钱，黎族民众出力，合力将原有的茅屋峒主公庙改扩建成瓦石结构祠宇。

各黎族村寨之鬼屋陈设布置，尤其是相关祈福迎祥的文字材料，同样地折射着道教背景。此外，奉祀祖灵的鬼屋必须由汉道公以道教式科法主持祭祀仪式。鬼屋祭祀，主要有节日献祭和平日的禳解仪式两种。但普通人不能在鬼屋烧纸送钱，因此，道公一般会在除夕晚上将所有的冥币收集起来，在鬼屋集中焚化奉献于祖灵。例如，西方村各公派的汉道公每年都会在除夕下午到鬼屋去贴对联，同时给神灵偶像换新衣，鬼屋对联的横批多为"灵照玄坛"，对联所题不外乎求祖宗恩泽雨露、子孙吉祥幸福等内容。

5 道教化的符箓与科仪文书

汉道公符箓

20世纪50年代,田野工作者在东方市江边乡老村看见不少人家的门口贴有汉道公书写的汉字符咒。近年来,田野调查中仍然还能看到美孚黎汉道公在为人禳解凶梦时,常常将道教式的符咒贴在岔路口以驱邪逐秽。

仪式中,汉道公使用符咒的方式多样,既可以将字符焚化后倒入水碗让病人服下,也可以当场画纸符贴在患者房门上。常见的符咒有百解符、保胎符、床头镇鬼符、头痛符等。

鬼符是黎族汉道公用于厌胜的灵符之一,此符多画于红色或绿色纸上,并贴于住户门楣,抑或将画有鬼脸、鬼符的木片插于屋旁地上。此外,汉道公为禁母、禁公做赶鬼法事时,要画护身符于白布上,并将之缝于患者衣背以辟邪赶鬼。

就书写材料及格式论,黎族汉道公灵符主要分为三种。第一种是五色纸符,没有字画,也无图形。据称此种神符具有祛毒、驱虫、避邪及祛病的神奇功能。黎族人认为恶鬼一般惧怕红色，所以在汉道公主持法事的坛场中，一般都要插上用彩纸或丝绒布制作的五色令旗，进而衍生出让患者头缠红布条，小孩穿戴红衣、红裤和红帽子，猎枪扳机上系红布条等行为。黎族人举办喜事时，都习惯在喜庆物什上贴红纸以祈求吉祥幸福。除夕，各地黎族则将红纸剪成小方块张贴于家门、牛栏、灶台及果树上以驱邪避秽；第二种为香符，汉道公为患者降神驱鬼时，手举一炷燃香凌空画符即成香符，此种神符被认为比实物符更具神力；第三类为字符，其上多书写"太上老君，急急如律令"等语，无疑源于道教符文格式。黎族汉道公字符主要有"雷"字符、"雨"字符、"斩鬼"字符、"灵"字符等。

黎族汉道公在法事活动中，大量仿写道教科仪文书的书写与表达格式。例如，据潘先枵、李其芬《陵水黎族风土见闻录》载，在为亡灵做最后一次打斋追祭仪式中，开祭时，主祭汉道公向天发送《奏文》：

奉玉皇门下遗教，奉行管理阴阳兼茆山事，道士符箓传呼百拜：

　　海南省×县×乡×村人，于佛前修香资超度亡灵，祈祷佛法高悬，慈航普度，招三魂登仙，七魂化生方，泣苦泪于亡故。×××化命于×年×月×日，告终呼嗟！……亲眷男女抚尸悼叹，形影思依至切，阴司莫须恶伤魂离，万祈上天施行仁慈。伏愿！……道士领词具状上请恭维。

　　　　　　　　　　　阴历×年×月×日具状

此奏文之格式多取法于道教科仪文本，其文字表达虽糅合了佛教内容，但措辞主体和关键部分依然属于道教范畴。

道教化的科仪轨范

受道教和佛教的影响，侾黎、水流黎、杂黎亦盛行打斋这一追荐仪式。开祭时，由七八位或十多位道公饰演唐僧、悟空、八戒、沙僧、亡灵及群鬼等形象，采用琼剧唱腔中的中板唱念佛经内容和民间故事，表示他们一道去西天求取真经。

五凤舞中的五方观念亦明显具有道教的痕迹。五凤舞流行于陵水侾黎支系聚居区，是一种民间宗教舞蹈。所谓"五凤"，意为东、南、西、北、中五个方位。侾黎支系认为人死之后，在"断七期"内，鬼魂仍游离于荒郊僻野，不知如何归宗。因此，当人死后第十二日或第二十五日这一天，要举行一次隆重的打斋招魂仪式，仪式中要跳五凤，俗称"跳春臼"。

每年春节，汉道公封印期间的生活禁忌有道教戒律与仪轨的特征。封印，即表示汉道公一年的法事活动已经结束，一年的奔波已告一段落，此阶段不再接手任何法事。汉道公在除夕晚上就不能吃猪肉、猪油以及带血的东西，只能吃用花生油炒的青菜，所用的碗筷及锅铲等都要更换新的。当晚，汉道公换上新衣后独自到鬼屋举行封印仪式。正月初一晚上十二点后，汉道公又需要独自去鬼屋举行开印仪式。在此期间的饮食要求一如除夕之夜，必须严格恪守禁忌。据说，在封印期间，如果汉道公违反上述饮食禁忌，他将会失去法力和神灵的护佑，以后做法事就不再灵验。

据谢东莉《传统与现代之间——美孚黎祖先崇拜文化研究》载，汉道公去鬼屋举行封印与开印仪式时，不能被他人看到，甚至自己的家人也不知道其举行仪式的准确时间。一般情况下，道公晚上沐浴更衣毕，即独自待在自己的房间中，待半夜十二点或深夜一两点的时候，才独自一人悄悄出门，去鬼屋举行封印或开印仪式。此时，其家人及村民都会自觉回避，谨防撞见汉道公。据说，若此时遇见汉道公，于双方都极其不吉利，轻者生病，重者会危及身家性命。所以，就连汉道公的家人此时也会极力回避。汉道公进入鬼屋举行封印或开印仪式时，要迈着八卦步进入鬼屋，此种法事持续两小时左右，但其具体仪式细节则为不可外泄的秘密。

每年正月初二，则需要举行"团兵召将"仪式，以示汉道公开印，又可以开始接手新的一年的法事活动。因为汉道公除夕之夜封印后，法力已失去，如果要在新的一年中重新掌印，就要举行"团兵召将"仪式，请回神将再次护佑自己。所以，在每年春节期间举行的鬼屋祭祖活动中，"团兵召将"亦是其中的重要内容之一。

结　　语
道教与少数民族宗教交融的意义

　　道教是汉族的道家学说、阴阳五行、神仙方术与西南少数民族信仰习俗和传统巫术有机融合的中国本土宗教。在其创立与发展的过程中，积极汲取和改造少数民族传统宗教，尤其是与西南各少数民族信仰联系紧密。可以说，道教的创建过程即是改造西南少数民族传统宗教文化的过程。

　　道教产生之后，在汉民族中传播的同时，开始向各少数民族聚居区广泛传播。在我国55个少数民族中，信仰道教的就有22个民族。其中瑶、壮、京、白、毛南、仫佬族以信仰道教为主兼信其他宗教；苗、侗、黎、彝、羌、水、土、阿昌、土家、布依、纳西、朝鲜、达斡尔等民族中有一部分人以信仰道教为主，同时又信奉别的宗教，或以信奉别的宗教为主兼信道教。

　　道教主张各民族在道法面前一律平等，唯道是尊。元朝时期，相传为紫薇夫人所撰的上清派科仪戒律之经《洞真太上太霄琅书》，融合与吸收各种思想，具有明显的儒道释三教融合的包容倾向。该经《择师诀第九》载："所以人无贵贱，道在则尊，尊道贵德，必崇其人。其人体道，含德厚淳，虽是女子，男亦师之。父师其子，君师其臣，妇婢仆使,僮客蛮夷,道之所在,缘之所遭,高下虽殊,皆当师事,勿以迹贱而废其道。"因此,道教主张各民族在文化上应该相互尊重,汉族道徒与少数民族道徒的着装和礼仪虽存在差异,但可"各各随时",彼此宽容。《洞真太上太霄琅书·法服诀第八》:"至于边地远乡,蛮夷戎狄,或纵或横,亦有画绩,奉道事神,亦有法服。方俗多殊,冠帽弥异,或平或尖,或高或下,或似鸟兽,或如虫鱼,损益虽佹,标饬可知。跪礼揖让,多不相同,叉手执笏,各各随时。"

道教在创立和发展的各个时期,都极其重视在少数民族中传教,着意向各少数民族聚居地区弘扬道法,扩大影响。《西升经》云:"道无乎不在,虽就蛮貊之邦,殊方异域,何莫由斯道也。以先觉觉后贤,惟圣人为可以开明。故虽竺乾远夷,亦善救之,而不弃也。昔仲尼欲居九夷,亦是意尔。"

道教中的神话传说、道教诗歌与青词、道教宫观建筑、绘画与神像品、道教音乐,亦随着道教的流布而在少数民族聚居区落地生根,影响着各少数民族的文学与艺术形态。道教仪范中的设坛摆供、焚香、化符、念咒、诵经、赞颂以及烛灯、音乐等均被广泛地吸纳到一些少数民族的民俗文化之中。

道教倡导汉民族要与少数民族团结一心,共成道治社会。《太平经·作来善宅法第一百二十九》:"毕得天地人及四夷之心,大乐日至,并合为一家,共成一治者也。"因此,道教在少数民族地区的传播,使少数民族和汉民族之间的联系更为密切。

道教传入少数民族聚居区以后,正如《元始洞真慈善孝子报恩成道经》所云:"随方设教,友诸异类,与其同好,心无疑误。"道教不仅是汉民族的宗教,同时也是中国少数民族的宗教,因而,在中国各民族文化的共同性方面占有极其重要的地位。

致谢

本书在撰写过程中，除征引道学与史学经典、一些学术机构的田野调查报告外，还参阅并征引了张泽洪、梁庭望、徐祖祥、张有隽、胡庆生、郭武、张桥贵、杨民康、李默、杨树喆、黄桂秋、陆群、张子伟、俞潦、龙宁英、潘先樗、谢东莉、钱安靖、向达、胡鉴民、胡起望、杨富学、邢康、顾有识、时国轻、石寿贵、焦丽峰、王丽英、许晓明及麻三山等专家学者的相关著述。限于《华夏文库》书系的普及性通俗读物编纂范式、编委会严格的体例要求及书稿总字数的控制，未能在文稿中一一注明征引文献出处，在此一并说明。

此外，凯里学院刘兴禄教授、重庆三峡学院李虎博士、贺州学院陈丹博士、贵州民族大学吴电雷博士以及我的同门师兄四川大学邓宏烈教授、师弟马志伟博士、师妹莫江凤与蒋欢宜博士为书稿提供了部分田野调查照片。

谨向上述专家学者及提供图片资料的友人们表示诚挚的感谢。

周永健
2018 年 8 月 16 日于贵阳花溪